ro
ro
ro

Inhaltsverzeichnis

Einleitung 11

KAPITEL 1: Armut repolitisieren! 27

KAPITEL 2: Glück repolitisieren! 55

KAPITEL 3: Klimakrise repolitisieren! 78

KAPITEL 4: Demokratie repolitisieren! 99

KAPITEL 5: Linkssein repolitisieren! 118

KAPITEL 6: Das gute Leben repolitisieren! 137

Danksagung 147

Anmerkungen 149

Jean-Philippe Kindler

Scheiß auf Selflove, gib mir Klassenkampf

Eine neue Kapitalismuskritik

Rowohlt Taschenbuch Verlag

7. Auflage Oktober 2025
Veröffentlicht im Rowohlt Taschenbuch Verlag
Rowohlt Verlag GmbH, Kirchenallee 19, 20099 Hamburg

Originalausgabe
Zuerst veröffentlicht im Rowohlt Taschenbuch Verlag,
Hamburg, November 2023

Covergestaltung zero-media.net, München
Satz aus der Caslon Pro
bei Dörlemann Satz, Lemförde
Druck und Bindung CPI books GmbH, Leck
ISBN 978-3-499-01299-0

Kontaktadresse nach EU-Produktsicherheitsverordnung:
produktsicherheit@rowohlt.de

MIX
Papier | Fördert
gute Waldnutzung
FSC® C083411

Für E.

«Es ist unmöglich, sich Stalinismus oder Faschismus ohne Propaganda vorzustellen – aber der Kapitalismus kann sehr gut, sogar weitaus besser, einfach immer weitermachen, ohne dass jemand für ihn Partei ergreift.»

Mark Fisher

Einleitung

Wenn man in politischen Kontexten das Recht auf ein gutes Leben für alle fordert, wird man für diesen Utopismus gerne freundlich belächelt. Als «linke Soziallyrik» werden solche Programme bezeichnet, gar als «Wunschzettelpolitik». Die konservative Diffamierung einer Politik des guten Lebens als naiv bis dümmlich, stets verbunden mit dem Verweis auf eine in Wahrheit ja viel kompliziertere Realität, trägt Früchte: Linke sind sehr gut darin zu sagen, was sie schlecht finden, und trauen sich kaum mehr zu sagen, was sie gut finden, wofür sie streiten und was sie erkämpfen wollen. Es ist diese utopische Verlegenheit, die es Konservativen und Neoliberalen so einfach macht, linke Konzepte, die auf die Maximierung des Gemeinwohls zielen, rhetorisch abzuwerten und ins Reich ideologischer Phantasmen zu verbannen. Eine klassische Diskursschablone ist dabei der Verweis auf die vermeintliche «Alternativlosigkeit» kapitalistischer Produktions- und Gesellschaftsverhältnisse. Ich erlebe dies bereits sehr häufig auf Podiumsdiskussionen, wenn meine Kritik an kapitalistischen Produktionsverhältnissen damit gekontert wird, dass mein Gegenüber fragt: «Und was ist die Alternative? Sozialismus? Da wissen wir doch, dass das nicht funktioniert!» Auf diese Weise werden kapitalistische Verhältnisse im öffentlichen politischen Diskurs naturalisiert, der gesellschaftliche Konsens ist der folgende: «Ja, der Kapitalismus hat seine Tücken, aber das System ist immer noch das Beste, was wir haben.» Nicht zufällig erinnert diese Rhetorik an Winston Churchills legendären Satz: «Die Demokratie ist die schlechteste aller Regierungsformen, abgesehen von all den anderen.» Der Kontext, in dem Churchill diesen Satz sagte, sollte nicht außer Acht gelassen werden. Er benutzte diese Formulierung zu einer Zeit, in der die Nationalsozialisten auf europäischem Territorium Millionen von Menschen industriell ermordeten und die Demokratie als Regierungsform zum Bollwerk gegen faschistoide Bewegungen aufgebaut wurde. Dennoch zeigt sich auch an der häufig reproduzierten Aussage Churchills, dass gemeinhin angenommen wird, dass Demokratie und Kapitalismus zwar nicht immer optimal sind, aber eben alternativlos. Und das ist nicht etwa das gemeinsame Credo der konservativ-bürgerlichen Mitte, auch viele Linke scheinen sich mit der Alternativlosigkeit einer marktwirtschaftlich organisierten, liberalen Demokratie längst abgefunden zu haben und üben sich in tarifpartnerschaftlicher Schadensbegrenzung. In den allermeisten öffentlich ausgetragenen linken Diskursen geht es im Kern um kosmetische Forderungen: Hier ein paar Prozent mehr Gehalt, dort eine Frauenquote für Großkonzerne. Vielen Akteurinnen scheint es bloß mehr ein Anliegen zu sein, ihren alternativlosen Kapitalismus möglichst diskriminierungsfrei zu gestalten. Radikale Ideen, die das Allgemeinwohl betreffen, stehen immer im Verdacht, träumerisch, zynisch oder gar pervers zu sein. Denn auf die Revolution des Proletariats, sagen sie, könne man ja lange warten und zudem würde der deutschen Bevölkerung linke Politik stets als fundamentale Bedrohung der demokratischen Ordnung verkauft. Würden wir es so machen, wie Linke es wollen, dann würden wir unsere Wirtschaft zerstören und umgehend in der DDR landen. Statt des großen Wurfs sollte man also eher für die kleinen Veränderungen kämpfen, die für die Menschen im Alltag eine konkrete, sofortige Verbesserung ihrer Lebenslage bedeuten. Ersetzt werden also kollektivistische, ideologiekritische Ideen oftmals von Politikkonzepten, die am Glück des Einzelnen ansetzen: In der Gesellschaft der Singularitäten [1] sind diejenigen Ideen telegen und instagramabel, die das Individuum betreffen: Wie bekomme ich mein Burn-out weggeatmet? Wie möchte ich angesprochen werden? Dürfen Weiße Dreadlocks tragen? Habe ich ADHS? Ist meine Ex-Freundin eine pathologische Narzisstin? Bin ich Rassist, wenn ich kein schwarzes Quadrat auf

Instagram teile? Ich will diese Selbstbefragungen vornehmlich junger Menschennicht pauschal abwerten oder polemisieren. Identitätspolitische Fragestellungen transportieren wichtige politische Anliegen, und dieses Buch versteht sich nicht als Beitrag zu einem zynischen «Anti-Wokism» [2], der auch innerhalb der Linken immer beliebter zu werden scheint. Es ist für mich nur eine bemerkenswerte Gegebenheit linksliberaler Diskurse, dass es eine bis ins ärgste Detail ausgefeilte Vorstellung davon gibt, wie das gute Leben des Einzelnen auszusehen hat, und zeitgleich eine so große Lücke klafft, wenn es um Konzeptionen kollektiver Allgemeinwohlmaximierung geht. Selbst Linke haben jegliches Interesse am «Wir» verloren, vielleicht auch, weil einem solchen «Wir» von vielen Akteurinnen nicht zu Unrecht misstraut wird. So ist doch mit dem bürgerlichen «Wir», welches so häufig in politischen Reden beschworen wird, zumeist die Mehrheitsgesellschaft gemeint, nicht aber diejenigen, von denen man verlangt, sich an das, was manche «Deutschsein» nennen, bedingungslos anzupassen. «Deutschsein», das bedeutet hier das Gemeinsamkeitsangebot, trotz aller Unterschiede ein und derselben Nation anzugehören, die damit verbundenen kulturellen Werte zu teilen und von denen, die Teil dieser Nation werden wollen, zu verlangen, ebenjene Wert- und Kulturvorstellung ebenso bedingungslos zu teilen. In konservativen Kreisen nennt man eine solche Anforderung an Migrantinnen gerne «Integration», wobei dieser Begriff etwas andeutet, was nicht ist, nämlich eine Form des Heimischwerdens durch Begegnung, durch ein Aufeinanderzugehen. Mit Integration ist dann doch aber in den allermeisten Fällen eigentlich eine Anpassungsanforderung gemeint, besser bekannt als «Assimilation». Skepsis gegenüber dem «Wir» ist demnach angebracht, vor allem in einem Land, in dem die Konstitution eines «Wir» in der Vergangenheit stets ein zu bekämpfendes «Ihr» hervorgebracht hat. An dieser Stelle zeigt sich schon das Tückische einer Politik der Identität: Es gibt kein Gemeinsamkeitsangebot ohne Abgrenzungsaufforderung.

Und dennoch möchte sich dieses Buch für die Konzeption eines guten Lebens für alle starkmachen. Mir ist die Schwierigkeit dieses Vorhabens durchaus bewusst, denn es ist äußerst schwierig, innerhalb linker Grabenkämpfe gemeinsame Nenner herauszuarbeiten und Gemeinsamkeitsangebote zu entwickeln, die nicht zugleich darauf setzen, sich von anderen so radikal wie möglich abzugrenzen. Ich bin trotzdem der vollen Überzeugung, dass es sie gibt. Es sei nur so viel gesagt: Diese gemeinsamen Nenner zum obersten Ziel emanzipativer Kritik zu machen, aus der im Idealfall ein neuer Mut zu einer linken politischen Utopie entsteht, wird dem einen oder anderen ein erhebliches Maß an Kompromissbereitschaft abverlangen und fordert ganz unverwandt dazu auf, von den eigenen politischen Befindlichkeiten zumindest ein wenig Abstand zu nehmen. Der britische Philosoph Anthony Appiah bezeichnet in seinem Buch «Identitäten – Die Fiktionen der Zugehörigkeit» ebenjene Identität des Menschen als «notwendige Lüge»: Anhand der Zugehörigkeit zu einer Nation, Religion oder auch Schicksals- und Betroffenengemeinschaft täuschen Menschen über den Fakt hinweg, dass sie sich unterscheiden, vor allem um auszurufen: «Aber in diesem Punkt sind wir gleich!» Das ist die Stärke der Identitätspolitik. Dieses Buch möchte sich nicht im Grundsatz gegen ebenjene stellen, sondern bloß darauf hindeuten, dass für die Linke *ein* Gemeinsamkeitsangebot wieder wichtiger werden muss, weil es die allermeisten Menschen eint: Es ist die Zugehörigkeit zu einer Klasse, die nichts besitzt außer der eigenen Arbeitskraft, die man gegen Lohn eintauscht.

Margaret Thatcher, ehemalige Premierministerin Großbritanniens, die aus meiner Sicht einflussreichste neoliberale Politikerin weltweit, sagte einst einige bemerkenswerte Sätze:

«They are casting their problems at society. And, you know, there's no such thing as society. There are individual men and women and there are families. And no government can do anything except through people, and people must look after themselves first. It is our duty to look after ourselves and then, also, to look after our neighbours.» [3]

Thatcher sagt es hier deutlich: So etwas wie eine Gesellschaft gibt es nicht. Es gibt Männer und Frauen, es gibt Familien. Das ist ein absoluter Grundpfeiler neoliberaler Ideologie. Es gibt eben nur den Einzelnen und wir können als Staat nur aktiv werden, wenn sich der Einzelne in erster Linie selbst fragt: Wie bin ich in diese Misere reingeraten? Warum geht es mir schlecht? Warum habe ich keine Wohnung? Warum habe ich keine Altersvorsorge? Warum werde ich diskriminiert? Das Stichwort hierfür lautet: «Entpolitisierung», oder alternativ: «Antipolitik». Thatcher sowie alle weiteren neoliberalen Denkerinnen und Denker nach und vor ihr bemühen immer wieder die Erzählung individueller «Eigenverantwortung». Gesellschaft wird so schlicht und ergreifend zur Summe der Individuen, die sich qua des Mottos: «Wenn jeder an sich denkt, ist an alle gedacht» zu organisieren haben. Es ist hinlänglich bekannt, dass neoliberale Politikerinnen auf diese Weise über Gesellschaft nachdenken, es geht ihnen explizit um die Verknappung politischer Handlungsspielräume. Wenn Menschen in der politischen Öffentlichkeit immer wieder für unregulierte Märkte, niedrige Steuern und unternehmerische Freiheit plädieren, so haben wir es mit Akteuren zu tun, die in die Politik gehen, um Politik zu verhindern. So weit, so linker Konsens. Da möchte ich allerdings nicht stehen bleiben. Ich behaupte, dass Thatchers Gesellschaft der Gesellschaftslosen auch im postmodernen linksliberalen Diskurs eine unhinterfragte Verankerung gefunden hat. Die Thatcher'sche Kaltherzigkeit wird dabei in den Argumentationen durch einen «empfindsamen Individualismus» ersetzt. So ist es zur moralischen Tugend vieler junger Menschen geworden, sich von «toxischen Personen» abzugrenzen, aufwendige, oftmals durchaus konsumtive «Selfcare» zu betreiben und der Fetischisierung des eigenen Selbst zu frönen. Wir nennen es «Selflove». Alles, was mich verunsichert, was mich herausfordert, was mich kritisiert, was mir, laut eigener Definition, Unrecht oder Leid antut, kann und sollte ich ohne jede Begründung ein für alle Mal aus meinem Leben verbannen, denn mein Recht auf Glück steht über dem Bedürfnis meines Gegenübers, angehört zu werden. Auch diese imaginierte Gesellschaft ist eine Gesellschaft der Gesellschaftslosen, auch hier ist an jeden gedacht, wenn jeder in erster Linie an sich selbst denkt. Das durchpsychologisierte Leben wird so zum Medium grotesker Selbstverwirklichungsfantasie: Wer ist mir auf dem Weg zu meinem wahren Selbst von Nutzen und wer nicht? Welchen simplen moralischen Allgemeinplatz kann ich in pastellfarbenen Instagrambeiträgen wiederkäuen, damit meiner Peergroup die Gewissheit vermittelt wird, dass ich einer der Guten bin?

Auf den ersten Blick scheinen junge Menschen ungemein politisch zu sein. Sie sind sprachsensibel, sie sind rassismuskritisch, sie geben bußfertig Beichte über ihre unverdienten Privilegien ab. Sie sind laut Tinder-Biografie äußerst empathisch und kennen ihren Persönlichkeitstyp, sie ernähren sich vegan und verzichten aufs Fliegen, sie sind also im Allgemeinen gesprochen stets bemüht, das zu überwinden, was der Soziologe Hartmut Rosa als «Agressionsverhältnis zu Natur und Mensch» bezeichnen würde. [4]

Nun scheinen ebenjene Konzepte individueller Glücksmaximierung aber nur auf den ersten Blick ein kulturelles Gegenprogramm zur neoliberalen Anforderung der Selbstoptimierung zu sein. Denn auch in den unzähligen Aufforderungen, sich selbst und den unperfekten Körper zu lieben, seine Mitmenschen korrekt und sprachsensibel anzusprechen, sich nachhaltig und emissionsarm zu verhalten, blitzt die

Obsession mit dem eigenen Selbst ganz deutlich auf. Nie wird das Wohl des Einzelnen in Beziehung gesetzt zum Wohl der Allgemeinheit. Es mangelt eklatant an ökonomischer Analyse. Dass Rassismus und Sexismus nicht bloß Phänomene sind, die sich ausschließlich zwischen Rassistinnen und Rassifizierten oder Sexistinnen und Objektifizierten abspielen, sondern eine materielle Grundlage haben, scheint die allermeisten Linken nicht mehr zu interessieren. Macht man sich gewahr, dass es vornehmlich Menschen mit Migrationshintergrund sind, die auf deutschen Spargelfeldern und in den Fleischfabriken zu menschenverachtenden Konditionen arbeiten, so wird einem überdeutlich, dass kapitalistische Produktionsverhältnisse Sektoren schaffen, in denen Menschen aufgrund ihrer Herkunft oder ihres Geschlechts überausgebeutet werden. Der Irrglaube, dass Diskriminierung dadurch abgeschafft werden kann, wenn der Einzelne geläutert wird und in quasireligiöser Weise eine Selbstreinigung vom internalisierten Weiß-Sein betreibt, kollidiert mit der Erkenntnis, dass Menschen mit Migrationshintergrund ein mehr als doppelt so hohes Armutsrisiko haben als die restliche Bevölkerung. [5] Ein Konzernchef kann durchaus und sogar sehr gut um seine Privilegien Bescheid wissen, und dennoch bleibt er Konzernchef. Forderungen nach Diversität und Repräsentation ergeben dennoch durchaus Sinn, weil sie an konkreten Ausschlusserfahrungen migrantisierter Menschen ansetzen. Allerdings ist die Welt keine bessere, wenn die Arbeiterinnen im Amazon-Lager auch von Frauen, Queers und People of Color ausgebeutet werden. Der Kapitalismus bietet dementsprechend einen vergifteten Kompromiss: Wollen wir, statt die Herrschaft abzuschaffen, diese diverser gestalten? Hier mag das Leben der Einzelnen möglicherweise verbessert werden, aber schlagkräftige linke Politik muss radikaler sein: Eine divers zusammengesetzte herrschende Klasse ist immer noch eine herrschende Klasse. Somit wird deutlich: Ausbeutung ist keine Diskriminierungserfahrung wie jede andere auch, so wie es der Ausdruck «Klassismus» oftmals andeutet, sondern die materielle Grundlage für verschiedene Formen der Diskriminierung. Es ist durchaus vorstellbar, dass sich im Kapitalismus alle gegenseitig korrekt ansprechen, sich achtsam verhalten, Menschen nicht mehr aufgrund ihrer Hautfarbe oder Geschlechtszugehörigkeit, sondern ihrer Qualifikation angestellt werden, aber auf eines kann der Kapitalismus nicht verzichten, so aware wie wir ihn auch gestalten: Ausbeutung. Möchte man diese radikal überwinden, so wird das innerhalb kapitalistischer Produktionsverhältnisse nicht gelingen, weil diese im Kern darauf basieren, dass die einen im Besitz der Produktionsmittel sind, völlig unabhängig von ihrer Identität. Und dann sind da noch die anderen, die nichts weiter besitzen als ihre Arbeitskraft, welche sie am Arbeitsmarkt zu verkaufen versuchen. Für Karl Marx, auf den ich mich an dieser Stelle beziehe, ist dieser Antagonismus die zentrale Definition der sozialen Klasse: Es gibt Ausbeutende und Ausgebeutete. Das bedeutet aber noch lange nicht, dass die Ausgebeuteten ein Bewusstsein darüber entwickeln, dass sie tatsächlich ausgebeutet werden. Wie ich später noch ausführen werde, darf man den Kapitalismus nicht als autoritäres System verstehen, welches von einer kleinen Clique entworfen und den Menschen aufgezwungen wird, nein, der Kapitalismus ist viel eher ein Unbewusstsein, ein durchgehend anwesender und dadurch im Bewusstsein der meisten Menschen abwesender unhinterfragter Gemütszustand. Was also in den meisten linksliberalen Diskursen, die im Kern darauf zielen, diskriminierten Individuen den Zugang zu gesellschaftlicher Repräsentation zu ermöglichen, fehlt, ist etwas, das Marx als «Klassenbewusstsein» bezeichnet, das aus meiner Sicht wichtigste Gemeinsamkeitsangebot überhaupt. Das geteilte Schicksal, ausgebeutet zu werden, wird länger schon nicht mehr als solches wahrgenommen, vielmehr sind es die Einzelschicksale diskriminierter Menschen, die im Fokus der Aufmerksamkeit stehen und denen man sich via sprachpolitischer und identitätspolitischer Interventionen («Wer darf sich zu welchem Thema äußern?», «Muss ein Konzernvorstand nicht divers besetzt sein?») anzunehmen versucht. Dieses Buch aber möchte den Kapitalismus aus dem Unbewusstsein ins Bewusstsein bringen und deutlich machen, dass es dieses gemeinsame Schicksal, welches sich «Ausbeutung» nennt, auch heute noch gibt. Umso mehr in einer Zeit, in der die kapitalistische Ideologie die Menschen reihenweise in den Burn-out treibt, ohne dass sie begreifen, warum. Klassenkampf wird gerade deshalb zur ersten Pflicht, weil es so schwierig geworden ist, seine Notwendigkeit politisch zu vermitteln.

Es braucht dringender als jemals zuvor den Mut, die Frage nach dem guten Leben radikal zu repolitisieren und von der individuellen auf die kollektive Ebene zu hieven. Das geht nicht ohne die Überwindung individualistischer Obsession. Dieses Buch möchte dafür plädieren, auf Abstand von sich selbst zu gehen, denn das ist es, was Politischsein für mich bedeutet: Der politische Mensch abstrahiert von der eigenen Erfahrung, der eigenen Situation, und denkt sich als Teil einer Schicksalsgemeinschaft, für deren Belange es sich zu kämpfen lohnt. Politische Menschen spüren das Verlangen, ein bewertendes Verhältnis zur Welt zu haben, immerzu verbunden mit dem Wunsch, aus diesem Weltverhältnis heraus Veränderungen anzustoßen. Das ist nicht zu machen in einer Gesellschaft, in der die verständliche Reaktion auf Entfremdungserfahrungen der Rückzug in die eigene Innerlichkeit bedeutet. Solidarität bedeutet in diesem Kontext, dem omnipräsenten, scheinpolitischen Ich-Bezug eine trotzige Absage zu erteilen.

Haben wir den Mut uns die Frage zu stellen, was uns unsere Persönlichkeit eigentlich angeht? Haben wir den Mut, in larmoyanter Weise auszurufen: «Selflove? Warum?» Wir können den Kapitalismus ohnehin nicht wegatmen, wir können ihn bloß bekämpfen. Und das, indem die Linke bestimmte Felder gesellschaftlicher Auseinandersetzungen wieder als politische Kampfzonen begreift. Wir waren es selbst, die Thatchers Dogma einer gesellschaftslosen Gesellschaft stark gemacht haben, es reicht nicht, dafür böse Kapitalistinnen verantwortlich zu machen. Formulieren wir doch lieber selbst wieder interessante politische Konzepte, welche in den Menschen wieder den Wunsch erzeugen, ihr Recht auf ein gutes Leben radikal einzufordern. Und vor allem: Linke müssen endlich verstehen, dass sie nicht ernst genommen werden, wenn sie sich in den üblichen Grabenkämpfen verstricken. Während man den Grünen aus linker Perspektive gerne vorwirft, aus Angst vor der Zuschreibung «Verbotspartei» Politik für alle zu betreiben, muss der Vorwurf an alle, die sich links nennen, die sich also laut eigener Angabe für eine gerechtere Welt einzusetzen versuchen, der sein, dass man zum gegenwärtigen Zeitpunkt Politik für niemanden außer sich selbst macht. Zurzeit wählen Menschen linke Parteien, weil alles andere noch weniger zu den eigenen Einstellungen passt, nicht aber aus irgendeiner tatsächlichen Überzeugung heraus. Das ist nichts anderes als ein Armutszeugnis und ein nicht wegzudiskutierender Beweis dafür, dass linke Politik nahezu bedeutungslos geworden ist. Mit dem folgenden Text möchte ich einen Beitrag dazu leisten, an diesem Umstand etwas zu verändern. Selbstredend ist dieses Buch als Aufruf zur politischen Aktion zu verstehen, denn wie Albert Camus in «Der Mensch in der Revolte» ganz wunderbar schrieb, wird das Leid nur in der Revolte kollektiv und zum «Abenteuer aller».

Kapitel 1

Armut repolitisieren!

Anfang des 20. Jahrhunderts ereignete sich in den Vereinigten Staaten von Amerika eine Wirtschaftskrise ungekannten Ausmaßes: Ausgelöst durch eine Spekulationsblase crashte am sogenannten «Schwarzen Donnerstag» am 24. Oktober 1929 die Börse, weil unter den Präsidentschaften der Republikaner Calvin Coolidge und Herbert Hoover jahrelang eine Politik des «Laissez-faire», also des staatlichen Nicht-Eingreifens in die Wirtschaft, gefahren wurde. Die Widersprüche und Gefahren kapitalistischer Warenproduktion traten so deutlicher hervor als jemals zuvor. Die amerikanische Wirtschaft fiel wie ein Kartenhaus in sich zusammen und provozierte im Jahr 1932 eine Arbeitslosenquote von 25 %, die Durchschnittslöhne fielen um ganze 60 %. Einer derjenigen, die in dieser Zeit ihren Job verloren, war Charles Darrow, ein Ver käufer für private Heizungstechnik, wohnhaft in Germantown, Philadelphia. Dementsprechend lebte Darrow wie unzählige weitere US-Amerikanerinnen in äußerst prekären Verhältnissen. Bis ins Jahr 1932, als Darrow zusammen mit seiner Frau Esther und seinem ersten Sohn William das Spiel Monopoly erfand. Darrow kam auf diese Idee, als er zu jener Zeit bei einem gemeinsamen Abendessen bei Freundinnen mit einem Brettspiel vertraut gemacht wurde, welches zum Spielziel hatte, Wohneigentum zu erwerben und weiter zu verkaufen, um die anderen Spieler ökonomisch zu schwächen und selbst reich zu werden. Zusammen mit seiner Frau Esther und seinem ersten Sohn William beschloss Darrow daraufhin, eine eigene Version des Spiels zu entwerfen. Mit Erfolg, denn 1935 verkaufte er seine Konzeption an den Spielekonzern Parker Brothers, der 1991 vom Unternehmen Hasbro aufgekauft wurde. Hasbro bewarb den kartonierten «American Dream», den die meisten von uns selbst in unterschiedlichen Versionen im Schrank liegen haben, mit ebenjener Entstehungsgeschichte. Die Marketing-Strategie schrieb sich von selbst, in einer Zeit, in der unzählige Menschen in den USA zu Niedriglöhnen arbeiteten und das klassisch amerikanische Aufstiegsversprechen «from rags to riches» («vom Tellerwäscher zum Millionär») massiv ins Wanken geriet: Auch wenn du am Abgrund stehst und dich wie

Charles Darrow jahrelang mit wechselnden prekären Jobs nur schwerlich über Wasser hältst, braucht es nur einen Geistesblitz, ein wenig Mut, und vor allem deine Bereitschaft hart zu arbeiten, um deine beruflichen Träume in Erfüllung gehen zu lassen. Jeder Mensch, ob arm oder reich, konnte in den eigenen vier Wänden den Rausch des Reichwerdens simulieren und sich als Teil einer heilbringenden Erzählung selbstwirksam fühlen. Dieses egalitäre Element der «Ideologie der Leistung» ist ganz entscheidend: Neoliberale und Konservative bemühen Erzählungen des sozialen Aufstiegs deswegen, weil vor der Aussicht auf Reichtum alle gleich werden, denn, so suggeriert es auch «Monopoly», alle starten ja mit den gleichen Chancen, was daraus wird, hängt ausschließlich davon ab, wie sehr die Menschen bereit sind, für die eigenen Träume zu kämpfen. Das macht die Erzählung des Aufstiegs, die «Ideologie der Leistung» zur «edlen Lüge», sie hat die Funktion, die gesellschaftliche Ordnung aufrechtzuerhalten. Da, wo jeder für die eigene Armut verantwortlich gemacht wird, kann der Klassenfeind nicht ausgemacht werden. Niemand außer dem Menschen selbst ist damit schuld an der eigenen sozialen Misere, und es gibt dementsprechend keinen Grund, sich gegen die Ausbeutenden aufzulehnen.

Der mit dem Friedensnobelpreis ausgestattete ehemalige US-amerikanische Präsident Barack Obama sagte es einst so: «You can make it, if you try». Obama verwendete diese aus dem gleichnamigen Popsong von Gene Allison stammende Formulierung während seiner Präsidentschaft ganze 140 Mal in verschiedenen Reden und öffentlichen Erklärungen. Wie der US-amerikanische Philosoph Michael J. Sandel in seinem Buch «Vom Ende des Allgemeinwohls» herausgearbeitet hat, wird neoliberalen Aufstiegsversprechen in denjenigen Gesellschaften von der Bevölkerung am meisten Glauben geschenkt, in denen von schwacher sozialer Mobilität gesprochen werden muss. Dort, wo es besonders schwer möglich ist, sich Kraft eigener Anstrengung aus dem angeborenen Arbeitsverhältnis zu befreien, wird die Phrase «Jeder ist seines Glückes Schmied» zu einem besonders hartnäckigen Glaubenssatz. 70 % der Amerikanerinnen glauben, die Armen könnten sich aus eigener Kraft aus der Armut herausarbeiten, während das nur 35 % der Europäerinnen glauben, obwohl Letztere in Gesellschaften leben, die mehrheitlich deutlich mehr soziale Mobilität zulassen, als das in den Vereinigten Staaten der Fall ist. [6] Tatsächlich schaffen etwa vier Prozent derjenigen, die in den USA im unteren Einkommensquintil geboren werden, den Aufstieg ins oberste Einkommensquintil, 43 % kommen in prekären Verhältnissen zur Welt und verbleiben in solchen, bis sie sterben. [7] In Deutschland ist soziale Mobilität besser möglich als in den Vereinigten Staaten. Das aber ist noch lange kein Grund, euphorisch zu werden oder gar das neoliberale Phantasma der «Chancengleichheit» zu bemühen. So geht aus dem Datenreport des Leibniz-Institut für Sozialforschung aus dem Jahr 2021 hervor, dass in vielen Fällen die soziale Position an die nächste Generation vererbt wird: «Viele Personen, die heute eine bestimmte Klassenposition innehaben, kommen aus Familien, in denen bereits der Vater die gleiche Klassenposition hatte.» [8]

Zurück zu Monopoly, das eine ganz entscheidende psychologische Ressource verspricht: Selbstwirksamkeit. Menschen glauben, unabhängig von ihrer angeborenen Klassenposition, sozial aufsteigen zu können. Jeder Mensch, behaupte ich, möchte sich möglichst selbstwirksam fühlen. Wir wollen an die Existenz selbsterfüllender Prophezeiungen glauben. Wir wollen, dass sich die Konsequenzen einer Handlung auf ebenjene kognitiv zurückführen lassen. Den Menschen interessiert nicht nur der Erfolg an sich, sondern auch, wie dieser zustande gekommen ist, damit man ihn wiederholen kann. Das Versprechen des Aufstiegs ist somit nicht nur eine Quelle von Hoffnung und Motivation, sondern verknüpft beruflichen Erfolg linear mit bestimmten individuellen Handlungen. Genau das wird während des Spielverlaufs von Monopoly simuliert: Wir freuen uns über eine getätigte Kaufentscheidung, wenn ein Gegenspieler auf unserem bebauten Feld landet und ordentlich zur Kasse gebeten wird. Auf diese Weise wird Erfolg kausal mit einer erbrachten Leistung verknüpft: Ich entscheide mich, bei Monopoly eine Immobilie zu kaufen, und verdiene deswegen im Spiel sehr viel Geld. Jetzt könnte man meinen, dass diese direkte Verknüpfung von Erfolg und Leistung ja nur im Spielerischen, nicht aber in der Realität angewendet wird. Diese Annahme ist falsch.

Verknüpfen wir die Logiken des Spiels Monopoly mit der Realität: 2013 führte der Sozialpsychologe Paul Piff mit seinem Team ein Monopoly-Experiment durch. Piff hatte sich auch vorher schon für die Auswirkung von Reichtum und Wohlstand auf das Sozialverhalten interessiert, also lud er per Zufallsprinzip einhundert Paare an die Universität von Berkeley ein und ließ sie gegeneinander Monopoly spielen, allerdings unter der Bedingung massiv geänderter Spielregeln: Manche der am Spiel Beteiligten bekamen von Anfang doppelt so viel Geld, zogen beim Über-Los-Gehen doppelt so viel Geld ein und hatten mehr Würfel zur Verfügung als die üblichen zwei. Alle am Experiment Beteiligten waren sich der Bevorteilung einiger Mitspielerinnen bewusst, weswegen die Beobachtungen, von denen Piff in seinem Vortrag erzählt, noch interessanter sind:

> **«Der reiche Spieler begann sich lauter auf dem Brett zu bewegen und während der Züge regelrecht mit seiner Spielfigur auf das Spielbrett einzuhämmern. Unter den reichen Spielern war dominantes Verhalten häufiger, sie legten Machtgehabe an den Tag und jubelten öfter.»** (Paul Piff, Sozialpsychologe)

Jetzt könnte man natürlich annehmen, dass jenes von Pfiff und seinem Team beobachtete Dominanzverhalten Teil des Spiels war und nicht etwa darauf basierte, dass die bevorteilten Spieler im realen Glauben waren, sich ihren Vorteil durch eigene Leistung verdient zu haben. Und doch war genau dies laut Pfiff der Fall: Nachdem das Spiel beendet war, fragte er die Spielerinnen und Spieler, warum sie aus ihrer Sicht gewonnen hätten:

> **«Als die reichen Spieler darüber redeten, weshalb sie das gezinkte Monopoly-Spiel zwangsläufig gewonnen hatten, sprachen sie davon, was sie alles unternommen hatten, um die verschiedenen Grundstücke zu kaufen und in diesem Spiel er-**

folgreich zu sein. Und das ist ein wirklich, wirklich unglaublicher Einblick in die Art und Weise, wie Vorteile vom Verstand bewertet werden.» (Paul Piff, Sozialpsychologe)

Die Ergebnisse des Monopoly-Experiments zeigen also, dass diejenigen, die das Spiel bloß aufgrund ihrer unverdienten Übervorteilung gewannen, im festen Glauben waren, sich ihre Bevorteilung durch real erbrachte Leistung verdient zu haben. Das menschliche Gehirn, folgert Piff auch aufgrund einer Vielzahl weiterer Experimente zur Untersuchung des Einflusses von Reichtum auf das menschliche Verhalten, sei gar nicht dazu in der Lage, langfristig zwischen verdientem und unverdientem Erfolg zu unterscheiden. Das leuchtet ein: Welcher Mensch ist schon in der Lage, den eigenen beruflichen Erfolg kausal auf konkrete Handlungen zurückzubeziehen? Erfolg basiert zu einem beträchtlichen Teil auf Faktoren, die sich unserer direkten Einflussnahme entziehen. Dennoch wird denjenigen, die in der politischen Öffentlichkeit eine höhere Besteuerung von Reichtum zwecks der Umverteilung von Vermögenswerten fordern, stets entgegengehalten, die hart arbeitende Bevölkerung um ihren verdienten Lohn bringen zu wollen, so als würde extremer Reichtum auf real erbrachter Arbeit basieren. Ein Argument, welches umso grotesker wird, wenn man sich gewahr macht, dass in Deutschland allein im Jahr 2020 eine Summe von 84,4 Milliarden leistungslos vererbt wurde. Interessanterweise wird gegenüber denjenigen, die sich öffentlich gegen eine Besteuerung von Erbschaften und Schenkungen aussprechen, von konservativer und liberaler Seite keineswegs der Vorwurf einer «Gratismentalität» erhoben, wie Christian Lindner es tat, als Millionen von Menschen aus der Zivilgesellschaft die Fortführung des 9-Euro-Tickets forderten. Reichtum kann also gar nicht ausschließlich auf real erbrachter Arbeit basieren. Und dennoch glauben viele Menschen, dass sich Reiche ihren Reichtum verdienen. Ich verwende hier explizit und bewusst das Wort «glauben», weil wir es hier im Kern mit religiösen Argumentationen zu tun haben. Wie Max Weber in «Die protestantische Ethik und der Geist des Kapitalismus» beschreibt, wurde wirtschaftlicher, ergo irdischer Erfolg vor allem innerhalb der calvinistischen Prädestinationslehre stets als Hinweis darauf gedeutet, dass ein Mensch für die Erlösung auserwählt sei. Diese mystische Zeichenhaftigkeit von Reichtum ist von zentraler Bedeutung, weil sie in sämtlichen volkswirtschaftlichen wie sozialpolitischen Diskussionen stets mitschwingt, ohne als religiöses Motiv markiert und dementsprechend kritisch diskutiert zu werden. Wenn beispielsweise konservative Politikerinnen im Zuge der Diskussion um die Einführung des Bürgergelds betonen, dass es den arbeitenden Menschen gegenüber unfair sei, wenn diese Arbeitslose von ihrem verdienten Lohn fürs Nichtstun bezahlen, schwingt auch hier die religiöse Überzeugung mit, dass der Mensch eben verdiene, was er verdiene. Die allzu häufig bemühte rhetorische Figur des «hart arbeitenden Menschen», der den Arbeitslosen ihre Almosen zahlt, wird hier zum sozialen Sprengstoff zwischen Arbeitslosen und Geringverdienern, zwischen Menschen also, die unter den exakt gleichen Gegebenheiten zu leiden haben, mit dem Unterschied, das Letztere einige Hundert Euro mehr auf dem Konto haben. Dass sich Menschen aus beiden Gruppen alle paar Tage an der Ausgabestelle der Tafeln treffen, dürfte Anlass genug geben, das diesen beiden Gruppen absolut gemeinsame Schicksal des Ausgebeutetseins politisch immer wieder zu betonen. Die antipolitische Strategie, die Allerärmsten gegeneinander auszuspielen, hat selbstredend zum Ziel, die Herausbildung von Schicksalsgemeinschaften zu unterbinden. [9] Es geht auch hier explizit darum, politische Potenziale abzubinden, Menschen sollen bloß kein Bewusstsein darüber erlangen, dass sie, wenngleich sie unterschiedlich wenig Geld verdienen, gleichermaßen durch Ausbeutung massive Einschnitte in die Lebensqualität erleben.

Auf diesen Punkt möchte ich genauer eingehen: Wie wird eigentlich ein gemeinsames Erleben des ökonomisch beschädigten Lebens unterbunden? Warum ist es eigentlich so schwer geworden, eine Klasse der Ausgebeuteten zu identifizieren, wenn sich doch das Vermögen nachweislich immer stärker an der Spitze konzentriert? [10] Allein unter jungen Menschen sind solche Schicksalsgemeinschaften nicht besonders schwer zu identifizieren: 37,9 % der Studierenden in Deutschland waren im Jahre 2021 armutsgefährdet. [11] Unter denjenigen, die nicht mehr bei den Eltern, sondern allein oder in einer Wohngemeinschaft leben, sind es ganze 76,1 %. [12] Als ich diese Zahlen das erste Mal las, habe ich kurz bezweifelt, dass diese akkurat sein können. Und doch fiel mir dann wieder ein, wie normal ich es in meiner studentischen Zeit selbst fand, kaum Geld zu haben: Gemeinsam mit Kommilitoninnen witzelte ich regelmäßig darüber, dass es diese Woche wieder nur Nudeln mit Pesto gab oder dass es Freitagabend wohl wieder nur für das billigste Bier reichen würde. Als ich dieses Thema dann jedoch in einem Instagram-Video umsetzte, prasselten die negativen Kommentare nur so auf mich ein: «Ausbildungsjahre sind keine Herrenjahre!» hieß es da, oder auch: «Bevor man Geld verdient, muss man sich eben ein wenig bemühen!», um mal die zumutbarsten der Hunderte Kommentare zu zitieren. Ich war von dieser Reaktion ehrlicherweise schockiert, weil sie mir noch mal ganz deutlich machte, dass es heutzutage geradezu obszön ist, sich für die politische Sicherstellung eines bedingungslos guten Lebens einzusetzen. Nicht nur ist die Zahl der Verbündeten bei dieser Forderung überschaubar, nein, derlei Forderungen lösen bei unzähligen Menschen sogar Wut aus. Wenn man sich fragt, warum das so ist, landet man zwangsläufig wieder bei der «Ideologie der Leistung». Wenn Menschen ernsthaft und mit voller Überzeugung glauben, dass sie sich ihr Einkommen sowie ihr Vermögen durch real erbrachte Arbeit verdient haben, ist die Vorstellung, dass Menschen in der Studien- und Ausbildungszeit vielleicht ein leistungsloses Grundeinkommen beziehen, um sich angstfrei bilden zu können, geradezu absurd. Denn nicht nur werden dieser Logik folgend faule Studenten leistungslos unterstützt, nein, auch die eigene Leistung, aus der ja das Einkommen und Vermögen kausal hervorgeht, wird dadurch abgewertet. Oder um es ganz deutlich zu machen: «Wofür reiße ich mir denn das ganze Jahr den Arsch auf, wenn andere Leute fürs Nichtstun bezahlt werden?» Wird diese Frage dann noch angereichert mit der konservativen Behauptung, dass der «hart arbeitende Bürger» ja den Arbeitslosen ihr Bürgergeld bezahlt, ist die Spaltung der Gesellschaft, vor der Konservative und Sozialdemokratinnen bei jeder sich bietenden Gelegenheit in besorgter Weise warnen, erfolgreich komplettiert.

Dieser antipolitische Impetus, dass die Almosen der einen durch das Steuergeld der anderen finanziert werden muss, ist in radikalster Weise argumentativ anzugreifen, und ich möchte dies im Folgenden vornehmen. Auch unter den allermeisten Linken gilt es als unumstößliche Gewissheit, dass der Staat von den Einkommen seiner Bürgerinnen und Bürger monetär abhängig ist, um zahlungsfähig zu bleiben. Oder wie es Margaret Thatcher einst sagte:

> **«Let us never forget this fundamental truth: the State has no source of money other than money which people earn themselves. If the State wishes to spend more it can do so only by borrowing your savings or by taxing you more. It is no good thinking that someone else will pay - that ‹someone else› is you. There is no such thing as public money; there is only taxpayers' money.»** [13]

Der Ökonom Maurice Höfgen teilte am 06.12.22 dieses Zitat inklusive eines Bildes von Thatcher und schrieb treffenderweise darunter: «Wie traurig bitte, dass man das Bild von Maggy Thatcher bis heute mit nahezu jedem Politiker von links nach rechts ersetzen könnte.» [14] Höfgen liegt hier richtig, denn wenn man sich anschaut, wie schnell sich Linke aus dem Konzept bringen lassen, wenn ihre sozialpolitischen Ideen auch nur einmal mit der Frage gekontert werden, wer das denn alles bezahlen soll, so fällt einem auf, wie groß die Wissenslücken im Bereich Staatsfinanzierung tatsächlich sind. Dass der Staat eben nicht nur «Steuerzahlergeld» hat, um politische Projekte zu finanzieren, zeigen ja die 100 Milliarden für die Bundeswehr, die man aus einem Sondervermögen finanziert hat. Was heißt «Sondervermögen»? Die Bundesregierung hat es sich in diesem Fall zunutze gemacht, dass aufgrund der Corona-Pandemie die Schuldenbremse temporär ausgesetzt war, die den Staat sonst daran hindert, politische Projekte aus Krediten zu finanzieren. Christian Lindner betont bei jeder sich bietenden Gelegenheit, dass man so schnell wie möglich zu ebenjener Schuldenbremse zurückzukehren habe, immerzu verbunden mit der rhetorischen Figur des «soliden Haushaltens». Oder wie Aaron Sahr in «Die monetäre Maschine» schreibt: «Staaten, die ihre Ausgaben ‹monetär›, also durch Geldschöpfung finanzieren, gelten als dem Untergang geweihte Bananenrepubliken.» [15] Sparsamkeit, oder noch einfacher gesagt: Nicht mehr Geld auszugeben, als man einnehmen kann, wird stets als völlig wertneutrale volkswirtschaftliche Notwendigkeit verstanden und eben nicht als das, was es ist: neoliberale Ideologie. Wie Höfgen und Sahr gleichermaßen in ihren Texten herausarbeiten, funktioniert der Staat eben nicht wie ein privater Haushalt, er muss kein Geld einnehmen, um es ausgeben zu können. Wenn man ganz genau sein will, ist es genau andersherum, der Staat muss Geld ausgeben, um es überhaupt einnehmen zu können, da er ja die Währung, in der Bürgerinnen ihre Steuern bezahlen, in erster Instanz überhaupt erst erzeugt und als Tauschmittel zur Verfügung stellt. Der Staat fungiert als Währungshüter und kann ganz ohne Probleme abseits von Steuereinnahmen an Geld kommen, beispielsweise durch die Aufnahme von Staatsschulden. Dazu noch mal Aaron Sahr: «Erkundigt man sich etwa nach der Verfügbarkeit des Artefakts Geld, stößt man auf eine seltsame Gleichzeitigkeit von Mangel und Überfluss.» [16] Geld ist immer knapp, wenn es knapp sein soll. Knapp ist es, wenn es um die Verlängerung eines diskriminierungsfreien, ergo kostenlosen Tickets für den ÖPNV geht, wenn es um die Einführung eines Bürgergeldes geht oder wenn es darum geht, dass der Staat Wohnungen ankauft, um sie den Bürgerinnen günstig zur Verfügung zu stellen. Da heißt es dann stets: «Wer soll das alles bezahlen?» Im Überfluss vorhanden ist Geld dann wiederum, wenn politische Projekte finanziert werden sollen, mit denen man bei der Bevölkerung punkten kann: Niemand hat in Richtung Olaf Scholz und Christian

Lindner die Frage formuliert, wer denn jetzt die 100 Milliarden für die Bundeswehr bezahlen soll. Die Erkenntnis ist also: Geld ist nicht knapp. Ressourcen sind es, Holz, Öl, Personal, all dies ist endlich, Geld aber ist es nicht. Die Frage lautet also nicht: Können wir es uns leisten, Schulen zu sanieren? Sondern eher: Haben wir das Personal und die Materialien, um Schulen zu sanieren? Und dennoch sind die ökonomischen Argumente gegen eine solche Auffassung unglaublich schlagkräftig, weil sie an verheiligten Gewissheiten vieler Menschen ansetzen: Christian Lindner und andere Liberale behaupten stets, dass man Inflation dadurch bekämpft, dass die EZB den Leitzins anhebt, oder ganz einfach ausgedrückt: Lindner und Co. behaupten, dass die Waren deswegen so teuer sind, weil die Europäische Zentralbank ständig neues Geld druckt und die Nachfrage deswegen das Angebot übersteigt. Die Logik dahinter ist, dass, umso mehr Geld im Umlauf ist, desto mehr Menschen sich den teuren Supermarkteinkauf leisten können. Die Supermärkte heben die Preise an, dementsprechend ist Geld dann weniger wert. Hebt die EZB den Leitzins an, wird es teurer, sich Geld zu leihen. Die Kaufkraft wird abgeschwächt und Unternehmen müssen ihre Waren günstiger abgeben, um noch genug zu verkaufen. Auch bei der während der Covid-19-Pandemie einsetzenden Inflation wird gern behauptet, dass man diese dadurch bekämpft, dass man die Geldmenge verknappt. Die Ökonomin Isabella Weber hält dagegen:

> **«Ich behaupte: Die Inflation, mit der wir es jetzt zu tun haben, rührt nicht, wie es in der Vergangenheit oft der Fall war, aus einem Nachfrageüberhang oder übermäßiger Geldmenge her. Die aktuelle Inflation wurde in ihrer ersten Phase durch Impulse aus systemisch wichtigen Bereichen verursacht, in denen die Preise in die Höhe geschossen sind: Energie, Rohmaterialien und Schifffahrt unter anderem. In der Schifffahrt beispielsweise gab es eine Art temporäres Monopol, weil an vielen Häfen riesige Staus waren. Auf einer zweiten Stufe haben dann Unternehmen in allen möglichen Sektoren der Wirtschaft auf diesen Kostenschock reagiert. Dabei haben sie teilweise die Preise stärker erhöht, als ihre Kosten gestiegen waren. Diese Preiserhöhungen haben dann zu einem Reallohnverlust für die Bevölkerung geführt, der auch in Deutschland ganz schön gehörig war.»** [17]

Auf diese Weise wird ein direkter Zusammenhang zwischen Geldvermehrung durch Kreditaufnahme und Inflationsrate hergestellt. Wir haben es hier also mit purer Antipolitik zu tun. Neoliberale und Konservative müssen nicht mal inhaltliche politische Argumente entwickeln, um sozialpolitische Verbesserungsvorschläge anzugreifen, es reicht der vermeintlich wertneutrale Verweis, dass es ja ganz schlimm ist, wenn ein Staat Kredite aufnimmt, weil mehr Geld im Umlauf ja immer höhere Inflation bedeutet. Aaron Sahr widerspricht: «Der Anstieg der Verbraucherpreise hält mit der annähernd exponentiellen Geldmengenausdehnung über Jahrzehnte nicht mit. (...) Obwohl sich die Konsumentenpreise in Europa seit 1980 auch fast versiebenfacht haben, stehen sie doch im Schatten einer verhundertfachten Geldmenge.» [18]

Jens Südekum, Universitätsprofessor für internationale Volkswirtschaftslehre an der Heinrich-Heine-Universität Düsseldorf, argumentiert in seinem Text im Handelsblatt mit dem Titel «Wir dürfen die Corona-Schulden nicht zurückzahlen» wie folgt:

> **«Durch Corona wird die Weltwirtschaft auf Jahre hinweg noch tiefer in einem deflationären Labyrinth feststecken, als es schon vor der Krise der Fall war. Hier den Gürtel enger zu schnallen, wie jetzt schon einige fordern, wäre genau die falsche Politik. Erforderlich ist das Gegenteil - Steuersenkungen und massive öffentliche Investitionen. Dabei müssen wir einen pragmatischen Umgang mit den Corona-Schulden finden. Sie sollten**

möglichst langfristig finanziert und durch permanentes Überwälzen – also die Ausgabe neuer Anleihen zur Bedienung der alten – immer weiter in die Zukunft geschoben werden. So können Industriestaaten aus dem Schuldenproblem der Corona-Krise einfach herauswachsen. Absolut betrachtet bleiben die Schulden zwar immer da, aber relativ zum BIP sinkt die Quote wieder ab.» [19]

Politische Projekte scheitern ergo nicht etwa an der Finanzierung, sondern ausschließlich am politischen Willen. Wenn Christian Lindner die «Gratismentalität» moniert, aus der vor allem Menschen mit geringem Einkommen die Weiterführung eines kostengünstigen, ergo diskriminierungsfreien Tickets für den ÖPNV gefordert haben, geht es um die Manifestierung des neoliberalen Dogmas, dass nichts leistungslos hergegeben werden darf, immer unterlegt von der Gefahrenbeschreibung, dass die Leute ja gar nicht mehr arbeiten gehen würden, wenn der Staat seine Leistungen an die Bürgerinnen verramscht. Dass diese Annahme empirisch nicht belegt ist, dürfte den allermeisten Leserinnen dieses Buches sowieso schon klar sein, das zeigt u. a. die Auseinandersetzung um die Einführung eines bedingungslosen Grundeinkommens, die einem ideologischen Glaubenskrieg ähnelt. Sowohl die Prämisse, dass Menschen durch eine bedingungslose, monatliche Zahlung ihre Jobs kündigen würden, um zu Hause auf der faulen Haut zu liegen, als auch die Annahme, dass Bezieher eines Grundeinkommens durch die leistungslose Zahlung umso produktiver, weil angstfreier arbeiten würden, konnte bisher nicht eindeutig empirisch belegt werden. [20] Darum geht es ja aber bei einem günstigen ÖPNV-Ticket gar nicht. Dieses hat am Ende des Tages schlicht und ergreifend dazu geführt, dass Menschen, die sich sonst das Bahnfahren gar nicht leisten können, in den Genuss diskriminierungsfreier Mobilität kamen, eine Freiheit, die FDP und Union ansonsten doch so wahnsinnig wichtig ist, wenn es darum geht, das Tempolimit auf Autobahnen oder den Verbrenner zu verteidigen. Woraufhin also Christian Lindners Rhetorik der «Gratismentalität» eigentlich abzielt ist nicht auf eine reale Gefahr der Verramschung sozialstaatlicher Leistungen, nein, was hier greift, ist pure Ideologie: Keine politische Maßnahme darf die neoliberale Gewissheit in Frage stellen, dass nur derjenige den Zugang zu einem guten und vor allem auch gesunden Leben verdient, der seine Arbeit erfolgreich am Arbeitsmarkt verkauft.

Die Debatte um die Einführung des Bürgergelds bietet noch mehr Aufschluss über die Ideologie der Leistung: In beinahe jeder Talkshow haben Politikerinnen der CDU/CSU betont, dass eine Anhebung der Mindestsicherung unfair denjenigen gegenüber wäre, die zu Niedriglöhnen arbeiten. Ganz häufig dabei genannt werden die hart arbeitenden Supermarktkassiererinnen, denen man ja nicht erklären könne, dass Arbeitslose mit dem Bürgergeld mehr verdienen würden als sie. [21] Eine glatte Lüge, die längst entlarvt ist. Ich will aber auf einen anderen Aspekt hinaus. Wenn sich die Union ernsthaft um die Frustration der Supermarktkassiererin sorgen würde, so könnte sie sozialpolitische Konzepte entwerfen, den größten Niedriglohnsektor Europas trockenzulegen. Den haben wir nämlich nicht in Griechenland, Spanien oder Portugal, sondern hier in Deutschland, inmitten der größten Volkswirtschaft Europas. Arbeitslosigkeit ist nicht das Ergebnis verfehlter Sozialpolitik, kein volkswirtschaftlicher Kollateralschaden, sondern politisch gewollt. Denn sie führt dazu, dass Menschen aus Angst vor finanziellem und lebensweltlichem Ruin Jobs übernehmen, die furchtbar bezahlt sind. Armut, man muss es ganz deutlich sagen, ist die effektivste Drohkulisse überhaupt, um Menschen in den Niedriglohnsektor zu zwingen. Die Botschaft der CDU/CSU an die Supermarktkassiererin ist also in Wahrheit: Wir wollen dich nicht besser bezahlen, wir wollen eher Arbeitslosen so wenig Geld zur Verfügung stellen, dass sie noch motiviert sind, einen ähnlich schlecht bezahlten Job anzunehmen, wie du ihn hast. Und dennoch zeigen die Talkshow-Auftritte der Politikerinnen ihre beabsichtigte Wirkung: Laut ZDF-Politbarometer vom 25.11.2022 finden 74 % der Deutschen es richtig, dass es nach der Blockade des Bürgergeldentwurfs durch die Union nun doch strengere Sanktionen gegen Bürgergeldbezieherinnen gibt. [22] Schon am 11.11.2022 hat das ZDF jenes Umfragetool ausgepackt und die Bürgerinnen gefragt, ob sie denn die Kritik am Bürgergeld, es würde keine Anreize schaffen, sich einen neuen Job zu suchen, verstehen könnten. 58 % der Menschen bejahten. [23] Natürlich wurde die hier zugrunde liegende Prämisse, nämlich dass höhere Sozialleistungen zu weniger Initiative bei der Jobsuche führen würden, als völlig gegeben betrachtet, obwohl es für diese Annahme, ich wiederhole mich, keinerlei empirische Belege gibt. Der Hauptstadtjournalismus, der von sich selbst stets behauptet, absolut neutral zu berichten, hat durch dieses neoliberale Framing mal wieder ganze Arbeit geleistet und durch den Einsatz des scheinjournalistischen Formats der Meinungsumfrage die politischen Entscheidungen der Ampel abgesichert. Ich persönlich warte ja schon seit einigen Jahren auf die Markus-Lanz-Sendung, in der die Frage formuliert wird, inwiefern eine leistungslose Erbschaft eigentlich dazu führt, dass die Leute zu Hause auf der faulen Haut liegen. Ich vermute, dass ich da lange warten kann. Bis zum Jahr 2024 werden in Deutschland 3,1 Billionen Euro vererbt [24], so die Berechnung des Instituts für Altersvorsorge. Das ist vollkommen leistungsbefreites Geld, welches manchen Kindern ermöglicht, finanziell sorgenfrei aufzuwachsen und im jungen Erwachsenenalter sogar über freies Startkapital für eine Unternehmensgründung zu verfügen. Auf diese Weise wird Reichtum in Deutschland entpolitisiert. Wer hier keine massive argumentative Schieflage ausmacht, der muss sich wirklich aktiv blind machen, was in den allermeisten Redaktionen großer deutscher Zeitungen und Fernsehanstalten ganz offensichtlich der Fall ist. Die Tatsache, dass in keiner Talksendung zum Thema Bürgergeld zur Sprache kam, dass es bereits eine große Studie gibt, die sich mit der Frage beschäftigt, inwiefern Hartz-IV-Sanktionen die Leute dazu bringen, sich wieder schneller einen Job zu suchen, spricht Bände. Die Initiative «Sanktionsfrei» hat über drei Jahre 585 Hartz-IV-Empfänger im Alltag begleitet und kommt zu folgender Feststellung:

> **«Die Ergebnisse belegen deutlich: Sanktionen haben zwar eine Wirkung, aber nicht die beabsichtigte bzw. behauptete Wirkung, Menschen besser in Arbeit zu bringen. Im Gegenteil: Die stärkste Wirkung, die von Sanktionen ausgeht, ist**

Einschüchterung und Stigmatisierung. Die Menschen fühlen sich kontrolliert und bestraft. Bereits die Androhung von Sanktionen verstärkt bei den Betroffenen das Gefühl von Ausweglosigkeit und Isolation und kann sogar Krankheiten verursachen und verstärken.» [25]

Vielleicht könnte man dem im Durchschnitt 60 Jahre alten ZDF-Zuschauer solche Erkenntnisse ja journalistisch aufbereiten, bevor man ihn völlig willkürlich innerhalb einer Umfrage zu seiner Laune betreffend möglicher Bürgergeldsanktionen fragt. Denn das sind Meinungsumfragen: Evaluationen gesellschaftlicher Launen und Gemütszustände. Baut man Politik und Journalismus auf solchen Formaten auf, muss man sich den Vorwurf gefallen lassen, dass die medial produzierte, hochgelobte repräsentative Demokratie, die auf mündigen Bürgerinnen basiert, irgendwann zur PR-Manege verkommt, wie es Colin Crouch in seinem Werk «Postdemokratie» anschaulich beschreibt. Dazu später mehr.

Wir stellen fest: Gerade das Thema Armut leidet akut unter Tendenzen der Entpolitisierung. Wenn Markus Söder medienwirksam bei den Tafeln in Bayern anpackt und den Ehrenamtlichen für ihre tolle Arbeit dankt, so muss man ihm in aller Schärfe entgegnen, dass die Tafeln, eine Organisation, die einst gegründet wurde, um überschüssige Lebensmittel zu retten, mittlerweile den Job der Regierung übernehmen und die Allerärmsten mit dem Allernötigsten versorgen – wenn überhaupt noch genug für alle da ist, die etwas brauchen. Die Podcaster und Autoren Wolfgang M. Schmitt und Ole Nymoen betonen immer wieder den ideologischen Charakter von ehrenamtlichen Engagements und Charity-Aktionen. In Episode 21 des Wirtschaftspodcasts «Wohlstand für Alle» argumentieren Nymoen und Schmitt, dass Charity-Veranstaltungen wie die «Ein Herz für Kinder»-Spendengala der BILD-Zeitung (stets begleitet von Reden der wichtigsten Politikerinnen) den Eindruck vermitteln, das Abfedern sozialen Leids sei Aufgabe der Zivilgesellschaft. [26] Genau diesen Eindruck vermitteln auch Politikerbesuche bei den Tafeln. Wer aber denkt, dass dies schon die Speerspitze der Entpolitisierung ist, hat seine Rechnung ohne Christian Lindner gemacht. Dieser war nämlich Ende November 2022 auf dem Höhepunkt der Preis- und Inflationskrise zu Gast bei der Berliner Stadtmission, einer ehrenamtlichen Hilfsorganisation unter dem Dach der evangelischen Kirche. Bei dieser Gelegenheit ließ sich Christian Lindner mit einem Pappplakat fotografieren, auf dem #EureArmutGehtMichAn stand. [27] Im Ursprungsbeitrag auf Instagram, den das Social-Media Team

Lindner irgendwann wegen massiver Kritik gelöscht hat, stand folgende wahnwitzige Formulierung:

> **«Heute fand für CL ein Auswärtstermin der besonderen Art statt: In der @berliner_stadtmission durfte er in seiner Rolle als Finanzminister die neue Weihnachtsbriefmarke vorstellen. Diese Briefmarke wird als sogenannte ‹Plusmarke› herausgegeben. Mit dem Kauf solcher Plusmarken unterstützen wir gemeinnützige Projekte und Einrichtungen. Davon profitieren viele Menschen in unserem Land, die sich ehrenamtlich engagieren. Denn durch ihren Verkauf kommt jedes Jahr ein Erlös von rund 10 Millionen Euro zusammen – ein Betrag, der karitativen Einrichtungen, dem Sport und der Umwelt zugutekommt. Seit 1949 gingen so insgesamt schon über eine Milliarde Euro an einen guten Zweck!»**

Das muss man sich mal vorstellen: Im Jahr 2022 sind so viele Menschen wie noch nie abhängig von Lebensmittelspenden, die Tafeln berichten von einem Anstieg der «Kundinnen und Kunden» (sic!) um sage und schreibe 50% [28], und der Bundesfinanzminister posiert bei einem PR-Treffen mit dem Hashtag «EureArmutGehtMichAn», um neue Charity-Briefmarken vorzustellen. Dass sich die Berliner Stadtmission, deren Arbeit ich im Grundsatz nicht abwerten möchte, für eine solche PR-Clownerie missbrauchen lässt, muss an dieser Stelle auch noch mal in aller Schärfe kritisiert werden.

Die Existenz ehrenamtlicher Vereine, wie es die Tafeln oder die Berliner Stadtmission sind, *ist* bereits der sozialpolitische Skandal. Selbstverständlich ist den Ehrenamtlichen, die Tag für Tag ohne jede Bezahlung an den Ausgabestellen arbeiten, keinerlei Vorwurf zu machen, dass sie diese Entpolitisierungsspiralen durch ihr Engagement am Leben halten. Ähnlich wie Krankenpflegerinnen sind Ehrenamtliche an den Ausgabestellen der Tafeln «Prisoners of Love», geben sie ihr Engagement auf, sorgt das unmittelbar für eine Maximierung des Leids der Menschen. Auf diese Weise kann der Staat sozialpolitische Leistungen ungemein effektiv an die Zivilgesellschaft auslagern, ist eine ehrenamtliche Struktur zur Versorgung der Allerärmsten erst mal geschaffen, stabilisiert sie sich systemisch durch sich selbst. Ich will hier nicht in die Falle tappen, jedwedes ehrenamtliche Engagement schlechtzureden. Ich selbst war Trainer einer Kinder-Fußballmannschaft in Düsseldorf und genoss dieses Engagement mehrmals die Woche. Aber die Grundversorgung von Menschen kann und darf nicht von Ehrenamtlichen geschultert werden. Ich wünsche mir an dieser Stelle auch von den Tafeln allgemein ein striktes «Nein» zu politischen PR-Aktionen. Wenn Söder und Co. dort aufkreuzen, um vor der eigenen Anhängerschaft die christliche Gutherzigkeit zu performen, muss man sie, freundlich formuliert, zum Teufel jagen.

Armut wie Reichtum müssen radikal repolitisiert werden, beides müssen wir als politisch geschaffen verstehen, ergo als Ergebnis von Klassenkämpfen. Dafür ist ein grundsätzliches Verständnis, wie kapitalistische Produktion und die Verteilung von Vermögen funktionieren, unerlässlich. Mir ist klar, dass es ein Privileg ist, sich mit derlei Phänomenen im Detail auseinandersetzen zu können. Wer sich ernsthaft der Forderung anschließen möchte, die Menschen aus der Armut herauszuholen, muss den Mut zur Radikalität für sich entdecken: Solange wir in einem System leben, welches darauf basiert, dass Menschen abhängig davon sind, ihre Arbeit gegen Lohn zu tauschen, wird es Ausbeutung geben. Das ist das wichtigste Gemeinsamkeitsangebot, welches die Linke der Bevölkerung wieder verstärkt zu machen hat. Es ist verständlich, dass man Versuche unternimmt, mehr Menschen unterschiedlichen Geschlechts sowie unterschiedlicher Herkunft am Wohlstand zu beteiligen. Solange aber das System ist, wie es ist, bleibt Ausbeutung eben Ausbeutung.

Kapitel 2

Glück repolitisieren!

Wie ich in der Einleitung bereits schrieb, fällt eine Gegebenheit ins Auge: Die Vorstellung des guten Lebens ist im öffentlichen politischen wie scheinpsychologischen Diskurs eine Sache der Einzelnen, nie aber ein Zielzustand, den es für eine Gruppe, eine Schicksalsgemeinschaft politisch zu erkämpfen gilt. Das liegt selbstverständlich vor allem daran, dass es in der heutigen Zeit zunehmend schwerer zu werden scheint, ein wie auch immer geartetes politisches «Wir» zu definieren. Und das, obwohl es durchaus gesellschaftliche Gruppen gibt, die man als Schicksalsgemeinschaft fassen und dementsprechend politisch mobilisieren könnte. Wie im ersten Kapitel bereits erarbeitet, trifft dies auch auf Studierende in Deutschland zu. Wenn 76,1 % derer, die nicht mehr im Haus der Eltern wohnen, von Armut betroffen sind, bedeutet der Auszug aus den Familienverhältnissen für mehr als drei Viertel der jungen Menschen gleichzeitig das Abrutschen in die Armut. [29] Neben dem Unialltag muss dann viel Arbeitszeit in schlecht bezahlte Teilzeitjobs investiert werden, um vor allem die explodierenden Wohnkosten in den Großstädten der Republik irgendwie bezahlen zu können. Wie das Moses Mendelssohn Institut zusammen mit dem Immobilienportal WG-Gesucht.de 2022 untersuchte, liegen die Durchschnittspreise für ein WG-Zimmer aktuell bei 435 Euro. Wenngleich die Mieten überall in Deutschland stark ansteigen, so müssen die regionalen Unterschiede beachtet werden: In München liegen die Kosten für ein WG-Zimmer bei durchschnittlich 700 Euro, in Chemnitz bei 250 Euro. [30] Wer selbst studiert und sich in einer Großstadt auf die Suche nach einem WG-Zimmer macht, der ist sich der Absurdität eines völlig unregulierten Wohnungsmarktes bewusst. Massenbesichtigungen mit bis zu 300 Menschen sind längst keine Ausnahme mehr, und nicht selten kommt es vor, dass man sich als möglicher Nachmieter verpflichten muss, sämtliche Möbel des Vormieters zu übernehmen, damit man überhaupt in die Vorauswahl kommt. Das Zahlen von Miete ist faktisch in den letzten Jahren das wichtigste Medium für eine Einkommensumverteilung von unten nach oben. Wie eine Studie des Macrofinance Lab der Universität Bonn zeigt, wurden Vermieter allein durch Mietzahlungen seit 2011 und Stand 2019 um satte drei Billionen Euro reicher gemacht. Die Rede ist von einer «Verschärfung, die die Wohnungsverhältnisse (...) durch den plötzlichen Andrang der Bevölkerung nach den großen Städten erlitten haben; eine kolossale Steigerung der Mietspreise; (...) die Unmöglichkeit, überhaupt ein Unterkommen zu finden». Das Zitat stammt von Friedrich Engels aus dem Jahr 1872, wirkt aber, als wäre es den heutigen Debatten entnommen, weil es den Gemütszustand derer, die sich heute um eine bezahlbare Wohnung bemühen, recht gut veranschaulicht. Meine Ausführung zur Wohnungsfrage soll einzig und allein aufzeigen, dass es durchaus erkennbare sozioökonomische Faktoren gibt, die junge Menschen unterschiedlicher Herkunft und politischer Einstellung gleichermaßen von einem guten Leben fernhalten. Mit gutem Leben meine ich hier vor allem die Möglichkeit, die Zeit des Studiums und der Ausbildung neben den damit einhergehenden Verpflichtungen auch aus einer finanziellen Absicherung heraus genießen zu können. Gerade bei Menschen mit Migrationshintergrund ist dies nicht der Fall. Wie eine Studie der Mercator-Stiftung aus dem Jahr 2016 zeigt, geben Migrantinnen deutlich häufiger Geldprobleme als Abbruchgrund an, als es bei denjenigen Studierenden ohne Migrationshintergrund der Fall ist.

Obwohl also junge Menschen in Ausbildung eine viel homogenere Schicksalsgemeinschaft sind, als gemeinhin angenommen wird, gelingt es Linken kaum, diese Gruppe tatsächlich als Gruppe anzusprechen und für die eigenen Forderungen zu gewinnen. Das liegt aus meiner Sicht nicht nur an der Unfähigkeit der deutschen Linken zur politischen Konzentrationsfähigkeit, sondern eben auch daran, dass viele junge Menschen sich längst in individualistische Vorstellungen des guten Lebens zurückgezogen haben. Eine zentrale Rolle spielt dabei der Begriff des Glücks, den vor allem Akteurinnen aus dem Wirkungsbereich der positiven Psychologie nutzbar machen, um eine Milliardenindustrie aufzubauen. Im Gegensatz zur traditionell defizitorientierten Psychologie möchte die positive Psychologie die positiven Aspekte des menschlichen Lebens in den Vordergrund rücken, vor allem das individuelle Glück, welches innerhalb jener Diskurse stets als etwas gilt, was jeder Mensch sich unabhängig seiner ökonomischen Rahmenbedingungen durch Arbeit am eigenen Selbst erkämpfen kann. Abgelöst wurde also das defizitortientierte Begriffspaar «krank versus gesund» durch «unglücklich versus glücklich».

Es ist natürlich denjenigen, die das Glück als Ware unter die Leute bringen, zum Vorteil, dass es keine

Definition dessen gibt, was Glück konkret bedeutet. Bei Betrachtung der diskursiven und privaten Begriffsverwendung muss man allerdings konstatieren, dass Eva Illouz und Edgar Cabanas einen Punkt haben, wenn sie in ihrem Buch «Das Glücksdiktat und wie es unser Leben beherrscht» Glück als eine «Geisteshaltung» beschreiben: «(…) Glück gilt in unseren Zeiten vielmehr als eine Geisteshaltung, die sich willentlich herbeiführen lässt, als Resultat der Mobilisierung unserer inneren Stärke und unseres ‹wahren Selbst› (…) Vor allem aber stellt sich Glück heute als das zentrale Merkmal unseres Idealbilds vom guten Bürger dar.» [31] Gerade der letzte Satz ist von zentraler Bedeutung. Wenn Glück zur moralischen Tugend wird, haben wir es im Kern mit einem konservativen Gebot zu tun, denn der Einzelne wird vom Rest der Gesellschaft permanent aufgefordert, die eigene Produktivität, und somit die veritable Beteiligung am Bruttoinlandsprodukt, durch aufwendige Selbstpflege um, im wahrsten Sinne des Wortes, jeden Preis aufrechtzuerhalten. Die meisten Großkonzerne haben das Potenzial des Aufrufs zur Überinnerlichkeit längst erkannt und bieten ihren Angestellten Achtsamkeitskurse und Meditations-Workshops an. Bei Google nennt sich das «Search Inside Yourself», ein von Chade-Meng Tan entwickeltes siebenwöchiges Mitarbeitertraining, welches die Angestellten psychisch befähigen soll, mit dem Innovationsdruck der Branche zurechtzukommen, wie Kathrin O'Sullivan, Head of Cross-functional Leadership Development bei Google, verdeutlicht:

> **«Um in der Tech-Industrie erfolgreich zu sein – Innovation ist Nummer eins –, muss man was Neues erschaffen, was kein anderer erschaffen hat. Wir sind drauf getrimmt, gut zu sein, unsere Kollegen zu überholen, wir wollen die Besten sein, Erwartungen erfüllen können und übererfüllen können. Und das hindert uns daran, gut zusammenzuarbeiten.**
> **Wir sind vernetzt, dauernd blinkt etwas, piept etwas, kommt eine E-Mail rein. Dann guckt man sich an, wie die Statistiken sind: Antidepressiva, Alkohol, Einkaufssucht, Spielsucht, Computersucht – so manifestiert sich das dann, und man sieht ja, wohin es führt…»** [32]

Wäre es nicht so schrecklich, könnte man an diesem Zitat vieles witzig finden. Denn Kathrin O'Sullivan ist durchaus dazu in der Lage, Branchenanforderungen zu identifizieren, die so belastend, so lebensqualitätsvermindernd sind, dass die Menschen reihenweise zur Flasche oder Tablettenbox greifen. Daraus erfolgt aber keinesfalls die Erkenntnis, dass Menschen vielleicht weniger arbeiten sollten, dass in einer Branche, in der einzelne Menschen unter so massivem Druck stehen, vielleicht irgendetwas massiv falsch läuft. Stattdessen entwickeln Großkonzerne nun moderne, scheintherapeutische Tools, um sicherzustellen, dass die Angestellten einen Arbeitsaufwand betreiben können, der eigentlich körperlich wie psychisch ungesund ist. Die Einführung von Techniken wie Achtsamkeit und Meditation am Arbeitsplatz hat vor allem den Zweck zu suggerieren, dass die Menschen selbst schuld sind, wenn sie trotz all dieser Angebote aus der positiven Psychologie mit Burn-out im Bett liegen. Denn, liebe Mitarbeiterinnen, wir bieten hier alles an, was ihr braucht. Ihr dürft so sein, wie ihr möchtet, und den Druck, den ihr während eurer Arbeitszeit erlebt, könnt ihr während der unbezahlten Pause mit unserem Achtsamkeitscoach zusammen wegatmen.

Glück ist kein Empfinden mehr, welches politisch hergestellt wird, etwa durch soziale Absicherung, Wohnqualität oder den Zugang zu Kulturgütern, nein, Glück ist ein erarbeitbarer Zustand ganz unabhängig von sozioökonomischen oder politischen Faktoren. Immer wieder wird in öffentlichen Diskursen ein direkter Zusammenhang zwischen Glück und persönlicher Verantwortung hergestellt. Das erzeugt zwar einige wenige Glücksgewinnerinnen, aber sehr viele frustrierte Glücksverliererinnen, die sich nicht anders zu helfen wissen, als sich selbst für diese Misere verantwortlich zu machen. Der ständige Verweis auf die Erarbeitbarkeit von Glück, sei es durch neoliberale Politikerinnen, Glückscoaches oder Influencerinnen, muss folglich als das bezeichnet werden, was es ist: Klassenkampf von oben. Wenn alle ihr Glück selbst in der Hand haben, kann auch niemand anders für die Abwesenheit desselben verantwortlich gemacht werden. Der direkte Effekt dieser Ideologie ist also das schwindende Klassenbewusstsein derer, die sich für das eigene Leid stets selbst verantwortlich machen.

Immer häufiger wird zudem behauptet, man könnte das Glück wissenschaftlich messen. Bhutan ist das erste Land, welches ein «Bruttoinlandsglück» eingeführt und die Zufriedenheit der Menschen im Land untersucht hat. Wie eng Propagandistinnen des Glücks und neoliberale Koryphäen politisch zusammenstehen, erkennt man an folgendem Zitat: «Mich ärgert an der ganzen politischen Ausrichtung der letzten 30 Jahre, dass sie immer wieder auf die kollektivistische Gesellschaft abzielte. Die Menschen haben die persönliche Gesellschaft vergessen (…) Die Wirtschaft zu verändern, ist das Mittel, um diesen Denkansatz zu verändern. Die Wirtschaft ist die Methode; das Ziel ist es, die Seele zu verändern.» [33] Wer hat's gesagt? Sie ahnen es: Maggie Thatcher. Das Gerede vom Glück hat nicht etwa eine politische Veränderung der Umstände zum Ziel, aus der sich eine tatsächliche Verbesserung der Lebensumstände ergeben würde, es wird eine «Veränderung der Seele» innerhalb einer «persönlichen Gesellschaft» angestrebt. Das ist ein ganz entscheidender Punkt. Sozioökonomische Umstände werden auf diese Weise individualisiert und privatisiert, persönlicher Erfolg zu etwas gemacht, auf das die Politik real gar keinen Einfluss nehmen kann. Wenn die Welt schlecht ist, dann ändern wir nicht mehr die Welt, sondern die Art und Weise, wie der Mensch mit ihr umgeht: Das Glück als Sache des Einzelnen, und eben nicht als eine Sache politischer Gestaltung. Denn es ist ja so: Das Subjekt im Spätkapitalismus kann innere Vorgänge umcodieren, aus negativen Erfahrungen werden auf diese Weise positive, Stichwort «Neurolinguistisches Programmieren»: Eine von unzähligen Glückscoaches propagierte kognitive Technik, deren positive Auswirkung auf die Psyche des Menschen zwar nie wirklich belegt werden konnte, aber dennoch im Umfeld des Glückscoachings als sichere Methode gilt, negative Ereignisse im Leben durch Arbeit an der eigenen psychischen Konstitution in positive Konsequenzen umzuwandeln: Jeder Schicksalsschlag kann, wenn man nur ausreichend verhaltenstherapeutische Übungen macht, im

Gehirn zur großen Chance umcodiert werden. Somit werden menschliche Schicksale auf innere Vorgänge reduziert, die man auch im Inneren zu bewältigen hat. Die Botschaft: Es ist eigentlich egal, wie gestresst die Menschen durch ihre Armut sind, jeder Stress ist im Inneren des Menschen bewältigbar.

Wer nun denkt, dass diese Entpolitisierungstendenz ausschließlich in Kreisen der Glücksgurus und Coaches stattfindet, irrt gewaltig. Längst bemühen sich verschiedene Staaten um die datenreiche Erfassung des individuellen Glücks ihrer Bürgerinnen und Bürger. Die Organisation für wirtschaftliche Zusammenarbeit und Entwicklung (OECD) empfiehlt seit 2009 Staaten regelmäßig Wohlbefindens-Indizes anzuwenden, um anhand des gemessenen Glücks politische Ideen umzusetzen oder zu verwerfen. Somit ist Glück auf nationaler und supranationaler Ebene längst zu einem entscheidenden politischen Instrument geworden, nicht aber, wie man durchaus annehmen könnte, als kritisches Tool, um das Wohlbefinden der Allgemeinheit ausdrückbar zu machen, sondern stets um das individuelle Glück der Bürgerinnen zu messen. Dazu Illouz und Cabanas: «Das gute Leben war von nun an mit technokratischen Mitteln zu gewährleisten, indem Stimmungen, Gefühle, Absichten, Entwicklungstendenzen und noch die verborgensten

Seelenregungen in die großmaßstäblichen Kalküle zur Steigerung des Massenkonsums, der Effizienz, der Produktivität und des nationalen wirtschaftlichen Fortschritts eingespeist werden.» [34] Wenn also von prominenter Stelle gefordert wird, dass man statt des Bruttoinlandsprodukts das «Bruttoinlandsglück» oder das «allgemeine Wohlbefinden» zurate ziehen sollte, wenn man den Wohlstand einer Gesellschaft messen möchte, dann klingt das erst mal ganz wunderbar. Das Problem ist nur, dass, egal wie häufig es von den Jüngern der positiven Psychologie anders behauptet wird, das «Glück», was auch immer das sein soll, überhaupt gar nicht objektiv messbar ist. Wie auch? Ich kann behaupten, an einem Tag wie heute mit leichter Bewölkung, scharfem Wind vom Meer her und etwas zu heißem Cappuccino ein Glücksempfinden zu haben, welches ich mit 8 von 10 Punkten angeben würde. Und irgendwo auf der Welt kann ein Mensch zu der gleichen Angabe kommen und es aber objektiv viel schlechter haben als ich. Vielleicht ist dieser Mensch bloß situativ froh, dass die eigenen Kinder diesen Monat mal nicht hungern müssen. Und dennoch wird hier kein Unterschied mehr gemacht, denn Glück ist ja Glück und in diesem Sinne kommensurabel, ergo vergleichbar, was die Grundvoraussetzung dafür ist, dass es zur Ware gemacht wurde. Einmal zum volkswirtschaftlichen Werkzeug geworden, bietet das Gerede vom Bruttoinlandsglück vor allem die dankbare Ablenkung von Gemeinwohlindikatoren, die tatsächlich messbar sind: Einkommens- und Vermögensverteilung, Armutsquote und Gender-Pay-Gap, Arbeitslosen- und Obdachlosenquote, ergo von materieller Ungleichheit im Allgemeinen. Auf diese Weise wird individuelles Glück vollständig abgekoppelt von sozialstaatlichen Zielen wie Gleichheit und Gerechtigkeit, denn, so liest man es immer wieder in den Essays und Interviews der Coaches und Glückspropagandistinnen: Geld ist eben nicht alles. Im Gegenteil, die Lebensumstände, so formuliert es der Gründervater der positiven Psychologie Martin Seligman in seinem Buch «Authentic Happiness» schon im Jahre 2002, sind nur zu 10 % für das menschliche Glück verantwortlich, die restlichen 90 % unterliegen dem eigenen Handeln. Das ist die Gesellschaft der Gesellschaftslosen.

Wird das Glück erst mal zum politischen Tool, bedeutet das nichts anderes, als die Institutionalisierung der Ideologie neoliberaler Eigenverantwortung. Aus einer grundsätzlich religiösen Überzeugung, nämlich dass der Gang des Lebens manifest vom eigenen Handeln abhängt, wird auf diesem Wege eine antipolitische Überzeugung. Glück ist dort zu finden, wo der einzelne Mensch in der Gesellschaft der Gesellschaftslosen das eigene Potenzial erkennt, Kräfte mobilisiert, um beispielsweise einem Scheitern auf dem Arbeitsmarkt vorzubeugen. Kurzum liegt Glück dort verborgen, wo das Individuum einen erfolgreichen Rückzug in die eigene Innerlichkeit vornehmen kann. Oder um es polemisch zu sagen: Die Philosophen haben die Welt nur verschieden interpretiert, es kommt aber darauf an, sie wegzuatmen. Das mag nun diejenigen provozieren, die psychologische Tools wie Achtsamkeit und Meditation als alltägliche Mittel zur Regulierung der eigenen Emotionen nutzen. Wie immer kritisiere ich nicht den Einzelnen in seinen Bestrebungen, die eigene Lebensqualität zu verbessern, aber die groteske Verherrlichung von Achtsamkeit, Meditation und Yoga darf hier durchaus ideologiekritisch hinterfragt werden. Wie Ronald E. Purser in seinem meditations- und achtsamkeitskritischen Buch «McMindfulness – How Mindfulness Became the New Capitalist Spirituality» herausarbeitet, führt die obsessive Introspektion, die stetige Untersuchung des eigenen Selbst, durchaus auch zu negativen psychologischen Effekten. Diese «Dekontextualisierung des Leids», wie Purser es nennt, verschleiert die manifeste Auswirkung sozioökonomischer Faktoren auf das psychische Wohlbefinden.

Und dennoch ist das Internet voller amateurhafter Beiträge zur Verbesserung der psychischen Gesundheit. Nicht nur selbst ernannte Coaches publizieren mittlerweile fröhlich unter #letstalkaboutmentalhealth, jeder Mensch mit Internetzugang und Instagramprofil kann sich an der Diskussion um die menschliche Psyche beteiligen. Der diskursive Konsens lautet hier: Es ist super, dass das Sprechen über psychische Erkrankungen auf diese Weise enttabuisiert wird. So wird aus der völlig überformten und überpersönlichen seelischen Entkleidung einiger Instagrampersönlichkeiten auf einmal ein geradezu rebellischer Akt. In verschnörkelten Beiträgen wird das hörige Publikum dazu aufgerufen, bedingungslos den eigenen Bedürfnissen zu folgen, sich von Freundeskreis, Familie und Partnerin bloß keine Kompromisse abverlangen zu lassen und jede Kraft dafür aufzuwenden, Selbstliebe zu praktizieren. Eine aus meiner Sicht bessere Auffassung bietet der Philosoph Baruch de Spinoza an, die Harry G. Frankfurt für uns aus dem Lateinischen übersetzt: «Ihr zufolge erklärt Spinoza, dass das höchste Gut in einem *Einverständnis mit dem eigenen Selbst* besteht – also darin, dass man damit einverstanden ist, die Person zu sein, die man ist, und dass man, wenn auch vielleicht nicht enthusiastisch, aber doch willentlich, die Motive und Dispositionen akzeptiert, die uns dazu bewegen, zu tun, was wir tun.» [35] Was ich an Spinozas Auffassung eines idealen Selbstverhältnisses so gelungen finde, ist seine Skepsis gegenüber einer enthusiastischen Beziehung zum eigenen Selbst: Niemand braucht Selflove, wertschätzende Akzeptanz reicht eben schon aus. Hier könnte man einwenden, dass es gerade für Menschen, die schwere psychologische Traumata erlebt haben, wichtig ist, ein liebendes Selbstverhältnis zu entwickeln, um auf diesem Wege der Spirale der Selbstabwertung zu entkommen. Ich würde entgegnen, dass wir ein stabiles integratives Selbstbild anstreben sollten, das weder in die Falle der Idealisierung noch der selbstverletzenden Abwertung des eigenen Selbst tappt. Denn, und das sollte uns alle doch eigentlich entlasten: Sich selbst nicht lieben zu müssen, kann erleichternd sein.

Will man verstehen, wieso eine derartige Überformung des eigenen Selbstverhältnisses in die Welt kam, ist es hilfreich, Glück als das zu verstehen, was es ist: weniger ein Gefühl und viel mehr eine wertkonservative Aufforderung, das eigene Selbst auf bestimmte Weise zu montieren. Der Soziologe Andreas Reckwitz beschreibt in seinem Buch «Das Ende der Illusionen», welche gesellschaftliche Klasse sich kulturell-emotionale Güter wie «Glück» oder «Selbstverwirklichung» überhaupt leisten kann, nämlich die urbane, kosmopolitische und gebildete neue Mittelschicht, die in den Hipster-Bezirken der Großstädte lebt und nach Selbstentfaltung strebt. Sich wohlwollend um sich selbst zu kümmern ist dabei nicht mehr funktional, es geht nicht darum, durch ein Mindestmaß an Selbstbeschäftigung ein möglichst sorgenfreies Lebensgefühl zu konstituieren, nein, die Frage «Wie geht es mir?» ist durchgehend in radikaler Weise anwesend und eröffnet neue Märkte singularisierter Kulturgüter. Bio kaufen zu können oder ein veganes Restaurant zu besuchen, sind Güter ethischen Werts, Yoga und Achtsamkeit zu praktizieren, Güter emotionalen Werts, und eine schöne Altbauwohnung zu bewohnen in einem Viertel, wo die politischen Botschaften als Wandtattoo im Café montiert sind, ermöglichen den Erwerb von Gütern narrativen Werts. [36] Das zeigt, Glück und Selbstverwirklichung sind immaterielle Gefühls- und Kulturwaren, die dem modernen, gut situierten Menschen bei der Montage des eigenen, besonderen Lebensstils helfen. Interessant ist dabei zweifelsohne, dass ebenjener besondere Lebensstil durchaus mittels allgemeiner Logiken produziert wird. Besonderheit konstituiert sich aus dem Befolgen eines allgemeinen, standardisierten Regelwerks, wie wir es in vielen Glücksratgebern der positiven Psychologie finden können. Besonderheit ist hier also ein kulturelles Massenprodukt von der Stange, und die Veräußerung dergleichen macht vor allem die Kassen der Glückscoaches voll. Es gilt dabei zu fokussieren, dass Glückscoaches natürlich nicht das Interesse haben, dass die Menschen glücklich werden. Der erfolgreiche Ratgeber schafft sich theoretisch durch seine korrekte Anwendung selbst ab, und niemand braucht noch einen Coach, wenn das Leben erst mal zufriedenstellend ist. Was in den zu übermäßiger Introspektion und obsessiver Selbstliebe neigenden Menschen erzeugt werden soll, ist der Wunsch, das eigene Glücklichsein als Prozess stetiger und unaufhörlicher Steigerung zu sehen: Nicht umsonst wird nie geschrieben, wann das Selbst eigentlich wirklich ist, wann die Selflove ein finales, erwünschtes und nicht weiter zu maximierendes Stadium erreicht, kurz, wann der Mensch glücklich genug ist und nicht noch glücklicher werden muss. Hier erkennen wir eines der Hauptmerkmale des Kapitalismus: Dem Wachstum sind keine Grenzen gesetzt, ein Höher, Schneller, Weiter, Glücklicher ist immer vorstellbar und dementsprechend erstrebenswert. Sich um die eigene Selbstverwirklichung zu bemühen, wird somit zur Tugend, bestimmte Persönlichkeitsstile, solche, die in empfindsamer Weise mit dem eigenen Selbst in gutem, stetig pflegendem Kontakt stehen, werden somit kulturell aufgewertet, während andere zunehmend als langweilig gelten. Wie Andreas Reckwitz schreibt, werden Subjekte dadurch selbst zu «kulturellen Singularitätsgütern»: Sie treten auf Dating-Plattformen oder in den sozialen Medien in Konkurrenz mit anderen und bieten «Wert- und Erlebnisversprechen» [37] an. Nicht selten ist es dabei so, dass Menschen sich auf Dating-Plattformen bereits im Voraus einem Persönlichkeitsstil zuordnen, um mögliche Begegnungen mit anderen Menschen vorzustrukturieren. Soziale Begegnungen werden damit um ihren spontanen und transformativen Charakter gebracht und eine mögliche Kompatibilität/Inkompatibilität, die sich ja erst aus einem ausführlichen Kennenlernprozess ergeben, bereits vorbereitet. Das Gegenüber wird somit auf das Potenzial reduziert, das eigene Leben bereichern zu können, und die Interaktion mit demselben auf technokratische Weise hin auf optimale Nutzbarkeit untersucht. Während also die zeitgeistige Behauptung steht, die neuen Generationen würden sich bedeutend besser um die eigenen Emotionen kümmern, ergo die Überrationalität der Elterngeneration durch Selbstliebe und Awareness erfolgreich hinter sich lassen, so möchte ich dagegenhalten, dass diese mechanistische Weise, die eigenen Gefühle und das emotionale Umfeld zu analysieren und auszuwerten, für mich einen ebenso überrationalen Charakter hat. Die im Spätkapitalismus gewünschten Persönlichkeitsstile werden somit industriell fabriziert, und immer mehr Firmen setzen bei der Rekrutierung des Personals auf ebensolche scheinwissenschaftlichen Persönlichkeitstests wie «16Personalities» [38]. Dieser Test wird immer wieder dafür kritisiert, bei unterschiedlicher emotionaler Verfassung der Teilnehmenden völlig andere Ergebnisse zu liefern, was Sinn ergibt, da die Identität des Menschen bekanntlich aus verschiedenen Ich-Anteilen besteht, mit denen sie sich mal mehr, mal weniger identifizieren oder gar verwechseln. Die emotionale Hyperkultur der Gegenwart deutet jedenfalls eine Messbarkeit menschlicher Gefühle und vor allem menschlichen Glücksempfindens an, die es so schlicht und ergreifend gar nicht geben kann, und verkehrt so das Vorhaben ins absolute Gegenteil: Das gefühlvolle Selbst wird anhand allgemeiner Techniken auf eine bestimmte Weise kulturell fabriziert, von den nach Singularität strebenden Subjekten öffentlichkeitswirksam montiert und für den Kapitalismus nutzbar gemacht.

Der Ort, an dem das fabrizierte Selbst sich präsentiert und vergleicht, ist vor allem Instagram. Welche psychischen Folgen jener Wettbewerb des Schönen und Kuratierten haben kann, zeigten die «Facebook Files», intern durchgeführte Studien, die von der ehemaligen Facebook-Mitarbeiterin und Whistleblowerin Frances Haugen an die Öffentlichkeit gebracht wurden. So ergab eine der von Facebook eigens durchgeführten Studien, dass Instagram das Körperbild von jedem dritten Teenager-Mädchen negativ beeinflusst: «We make body image issues worse for one in three teen girls. (...) Thirty-two percent of teen girls said that when they felt bad about their bodies, Instagram made them feel worse.» [39] Seit einigen Jahren schon bemühen sich deswegen Nutzerinnen, mit dem Wettbewerb des Schönen zu brechen, und implementierten folglich #bodypositivity, der dafür verwendet wird, Körperbilder mit positiven Assoziationen zu verknüpfen, die nicht dem multimedial fabrizierten Schönheitsideal entsprechen. Dabei ist allerdings ideologiekritisch einzuwenden, dass die Körper-Obsession vornehmlich junger Menschen hier bloß positivistisch gewendet wird. Die Leute werden nicht dazu aufgefordert, weniger über ihren Körper nachzudenken, sondern bloß positiver. Auch das erzeugt wiederum Druck, wenn man so möchte, wurde bloß der eine Wettbewerb durch einen anderen ersetzt. Es ging fortan nicht mehr darum, wer den schönsten Körper hat, sondern darum, wer psychologisch am besten damit umgeht, den eigenen Körper nicht perfekt oder gar hässlich zu finden. Im Prinzip ist es der Wettbewerb darum, wer sich am wenigsten als Teil eines Wettbewerbs begreift. Selbstverständlich ist es gut, wenn der Öffentlichkeit realistische Körperbilder zur Verfügung stehen, und ich will niemandem absprechen, sich in diesem Sinne für eine eigentlich gute Sache einzusetzen. Dennoch bin ich der Auffassung, dass man an dieser Stelle gut begreifen kann, wie der Kapitalismus jedes vermeintlich subversive oder widerständige Element perfekt in die eigene Logik des Vergleichens und Steigerns integrieren kann: Das Sprechen über Körperprobleme oder psychische Erkrankungen ereignet sich hier immer vor einem meinungsstarken Publikum, welches solche Beiträge genauso durch Zustimmung oder Ablehnung auf- beziehungsweise abwertet, wie das bei Katzenbildern, politischen Nachrichten oder zynischen Satire-Videos der Fall ist.

Was also bleibt, ist die Forderung danach, sowohl das Glück als auch das psychische Leiden der Menschen zu repolitisieren. Psychische Erkrankungen entstehen nicht im luftleeren Raum, sondern sind immerzu gesellschaftliche Erzeugnisse. Ich erinnere mich noch gut an einen Satz meines Therapeuten, als ich selbst wegen schwerer Depressionen in Behandlung war. Ich bemerkte damals immer wieder seinen Unmut, wenn ich von «psychischer Störung» sprach. Irgendwann sagte er dann, dass ihn der Begriff der «psychischen Störung» deswegen stört, weil er sich dann immer die Frage stellt: «Wen stört eigentlich was und warum?» Psychische Erkrankungen sind keine Einzelschicksale gestörter Individuen, sondern eben auch die Folge unserer Produktions- und Lebensweise. Dazu Mark Fisher, Marxist und Kulturwissenschaftler: «Daran anschließend denke ich, dass es notwendig ist, die wachsende Problematik von Stress (und Verzweiflung) in kapitalistischen Gesellschaften neu zu begreifen. Anstatt diese so zu behandeln, als sei das einzelne Individuum dafür verantwortlich, sich selbst um seine psychische Notlage zu kümmern, anstatt also die weitreichende Privatisierung von Stress, die in den letzten 30 Jahren stattgefunden hat, zu akzeptieren, müssen wir eine andere Frage stellen: Wie konnte es zur Normalität werden, dass so viele Menschen, und insbesondere so viele junge Menschen, als psychisch krank angesehen werden? Die ‹Pest der psychischen Erkrankungen› in kapitalistischen Gesellschaften weist darauf hin, dass der Kapitalismus eben nicht die einzig funktionierende Gesellschaftsordnung ist, sondern dass er inhärent dysfunktional ist und die Kosten für die Illusion seiner Funktionsfähigkeit sehr hoch sind.» [40]

Mark Fisher selbst nahm sich im Januar 2017 das Leben, nachdem er sich zusammen mit seiner Frau vergeblich um eine zeitnahe Behandlung seiner Depression bemüht hatte. Sein Hausarzt, so berichteten damals Medien übereinstimmend, hatte ihm zu der Zeit nur Telefongespräche bezüglich einer möglichen Überweisung anbieten können. Stand 2019 liegen zwischen therapeutischem Erstgespräch und tatsächlichem Behandlungsbeginn in Deutschland fünf Monate. Wie ich aus eigener Erfahrung weiß, ist das eine viel zu lange Zeitspanne. Wäre sie kürzer, hätte man mit Sicherheit vielen Menschen das Leben retten können, die sich selbiges nehmen, weil der Schmerz schlicht und ergreifend zu groß wird, bevor die Behandlung beginnt. Eine Politik, die nicht alles unternimmt, um Menschen eine Lebensperspektive durch eine Behandlung zu geben, scheint den Kranken bloß als volkswirtschaftliche Belastung zu verstehen, der den Staat Geld kostet. Diese Haltung ist als das zu bezeichnen, was sie ist, menschenfeindlich und in jeglicher Hinsicht falsch.

Kapitel 3

Klimakrise repolitisieren!

Bei der Bundestagswahl 2021 waren 57,7 % der Wahlberechtigten über 50 Jahre alt. Deutschland ist nach Japan das Land mit dem zweithöchsten Altersdurchschnitt und ist somit eine «Altenrepublik», wie der Soziologe Stefan Schulz die Bundesrepublik in seinem gleichnamigen Buch beschreibt. Dementsprechend versteht man, was Schulz meint, wenn er regelmäßig zu Bedenken gibt, dass irgendwann ein Demografieproblem zum Demokratieproblem wird. Wenn über die Hälfte derer, welche die politische Ausrichtung der nächsten Jahre manifest bestimmen, die konkreten Auswirkungen der Klimakrise nicht mehr am eigenen Leib erfahren wird, dann ergeben sich daraus im politikwissenschaftlichen Sinne Demokratiequalitätsprobleme – sowohl im Bereich Input als auch im Bereich Output. Die ältere Bevölkerungsgruppe der über Fünfzigjährigen mandatiert eine Politik, von deren Versäumnissen die sich in der Minderheit befindenden jungen Menschen viel stärker betroffen sein werden als die Alten. Dass sich daraus Frustrationserfahrungen ergeben, ist also nur logisch. Wenn Aktivistinnen der letzten Generation in ein Agressionsverhältnis mit den bestehenden Zuständen eintreten, so mag man das vielleicht auf der Ebene der gewählten Protestform kritikwürdig finden, der dahinter liegende Gemütszustand könnte aber nachvollziehbarer nicht sein, da die ältere Generation bei der Bundestagswahl 2021 so wählte, als sei *sie* tatsächlich die letzte Generation, auf die es Rücksicht zu nehmen gilt. Eine Generation, die das Wirtschaftswunder und die damit verbundene Wohlstandssteigerung stets mit eigenen biografischen Entscheidungen verknüpft. Diese demokratische Schieflage hat auch das Bundesverfassungsgericht erkannt und reagierte im März 2021 auf eine Verfassungsbeschwerde junger Aktivistinnen, welche zum Ziel hatte, die Bundesregierung stärker an die formulierten Klimaziele zu binden, mit folgenden bemerkenswerten Zeilen:

> **«Das Klimaschutzgesetz verpflichtet dazu, die Treibhausgasemissionen bis zum Jahr 2030 um 55 % gegenüber 1990 zu mindern und legt durch sektorenbezogene Jahresemissionsmengen die bis da-**

hin geltenden Reduktionspfade fest (§ 3 Abs. 1 und § 4 Abs. 1 Satz 3 KSG in Verbindung mit Anlage 2). Zwar kann nicht festgestellt werden, dass der Gesetzgeber mit diesen Bestimmungen gegen seine grundrechtlichen Schutzpflichten, die Beschwerdeführenden vor den Gefahren des Klimawandels zu schützen, oder gegen das Klimaschutzgebot des Art. 20a GG verstoßen hat. Die zum Teil noch sehr jungen Beschwerdeführenden sind durch die angegriffenen Bestimmungen aber in ihren Freiheitsrechten verletzt. Die Vorschriften verschieben hohe Emissionsminderungslasten unumkehrbar auf Zeiträume nach 2030. Dass Treibhausgasemissionen gemindert werden müssen, folgt auch aus dem Grundgesetz. Das verfassungsrechtliche Klimaschutzziel des Art. 20a GG ist dahingehend konkretisiert, den Anstieg der globalen Durchschnittstemperatur dem sogenannten ‹Paris-Ziel› entsprechend auf deutlich unter 2 °C und möglichst auf 1,5 °C gegenüber dem vorindustriellen Niveau zu begrenzen. Um das zu erreichen, müssen die nach 2030 noch erforderlichen Minderungen dann immer dringender und kurzfristiger erbracht werden. Von diesen künftigen Emissionsminderungspflichten ist praktisch jegliche Freiheit potenziell betroffen, weil noch nahezu alle Bereiche menschlichen Lebens mit der Emission

von Treibhausgasen verbunden und damit nach 2030 von drastischen Einschränkungen bedroht sind. Der Gesetzgeber hätte daher zur Wahrung grundrechtlich gesicherter Freiheit Vorkehrungen treffen müssen, um diese hohen Lasten abzumildern. Zu dem danach gebotenen rechtzeitigen Übergang zu Klimaneutralität reichen die gesetzlichen Maßgaben für die Fortschreibung des Reduktionspfads der Treibhausgasemissionen ab dem Jahr 2031 nicht aus. Der Gesetzgeber ist verpflichtet, die Fortschreibung der Minderungsziele der Treibhausgasemissionen für Zeiträume nach 2030 bis zum 31. Dezember 2022 näher zu regeln.»

Hochgradig interessant ist hierbei, dass das Bundesverfassungsgericht mit einer bestimmten Auffassung von «Freiheit» argumentiert. Freiheit ist in diesem Sinne nicht mehr nur ein Recht des Einzelnen, welches zu jeder Zeit abrufbar zu sein hat und in der neoliberalen Forderung nach «Freiheit statt Verbote» Ausdruck findet, nein, Freiheit ist dieser Argumentation folgend eine sich über die Generationen verbrauchende Ressource. Das Gericht macht aus meiner Sicht hier richtigerweise deutlich, dass sich die jüngere Generation, wenn es so weitergehen sollte, ab 2030 bedeutend stärker wird einschränken müssen, als die ältere Generation es zum gegenwärtigen Zeit punkt tut. Wenn also die Politik bis 2030 klimaschädigende Lebensweisen uneingeschränkt lässt, wird Klimapolitik ab jenem Zeitpunkt beinahe automatisch bedeutend autoritärer und freiheitseinschränkender sein müssen, wenn man die zugrunde gelegten Klimaziele und Emissionsreduktionspfade ernst nimmt. Es ist wirklich betrüblich, dass diese herausragend kluge Sichtweise auf den hier verhandelten Sachverhalt medial nur kurzzeitig diskutiert wurde und eben nicht zur handlungsleitenden Maxime geworden ist. Denn wenn FDPler und ihnen nahestehende, öffentliche Personen wie Ulf Poschardt davon schwadronieren, dass sie sich von den Aktivistinnen den Porsche nicht nehmen lassen werden, bedeutet das nichts anderes als: Lasst mich mit den Problemen in Ruhe, die ihr in 20 Jahren haben werdet, es sind nicht meine. Während also Poschardt und Co. bei allen sich ergebenden Gelegenheiten vor dem Autoritarismus der Klima-Aktivistinnen warnen, sind sie es in Wahrheit, die eine autoritäre Auffassung von Freiheit vertreten. Freiheit bedeutet, alles zu bekommen, was man sich wünscht, völlig egal, ob die Inanspruchnahme von Freiheit als verbrauchbare Ressource an anderer Stelle gesundheitsgefährdende Auswirkungen produziert. Um die grünen Moralisten zu provozieren, frönt man dann der eigenen Liebe zum Verbrenner. Auf Twitter wird diese Diskussion so vehement geführt, dass man versteht, warum Cara New Daggett dieses Phänomen in ihrem gleichnamigen Buch als «Petromaskulinität» bezeichnet. Die Verteidigung der fossilen Lebensweise wird zum Vehikel für einen infantilen Kulturkampf. Die Wahrheit ist, dass wir einen ganz massiven Eingriff der Politik in die Freiheit der Menschen brauchen. Und damit meine ich mitnichten, dass sich alle Menschen vegan ernähren müssen, dass niemand mehr fliegen soll, ich meine damit nicht, den Kulturkampf gegen das Auto noch vehementer zu führen, als man das in missionarischen klimaaktivistischen Kreisen sowieso schon tut, nein, es geht mir darum, dort zu beschränken, wo es auch wirklich einen Unterschied macht: Die hundert größten Konzerne sind für über 70 % des ausgestoßenen CO_2 verantwortlich. [41] Diese Konzerne sind sich ihrer Verwicklung in der Klimakrise mehr als bewusst, nicht umsonst stammt der berühmte CO_2-Fußabdruck aus einer PR-Kampagne des Ölkonzerns British Petroleum. Das erscheint einem nur auf den ersten Blick bizarr und wird dann sehr logisch: Klimaschädigende Großkonzerne haben ein enormes Interesse, dass wir die Klimakrise als etwas imaginieren, was Privatpersonen zu lösen haben, denn auf diese Weise wird ein mögliches Krisenszenario effektiv entpolitisiert. Wenn alle nur auf Milchprodukte verzichten, sich vegan ernähren und nur noch in die Eifel zum Urlaubmachen fahren, dann kriegen wir das Steuer schon rumgerissen. Es ist aber viel eher so, dass wir als Privatpersonen uns noch so tugendhaft und klimafreundlich verhalten können, der Planet geht an anderen zugrunde. Selbstverständlich ist dies kein Aufruf, sich im klimapolitischen Sinne wie die Axt im Walde zu benehmen. Es ist vollkommen absurd, dass wir Autos bauen, die in der Innenstadt zwei Parkplätze belegen und bei Unfällen erwiesenermaßen deutlich gefährlicher für Menschenleben sind als kompaktere Kleinwagen. Niemand, wirklich niemand braucht SUVs, und dementsprechend kann man sie ohne jeden Zweifel verbieten. Warum? Weil in der Abwägung von gesellschaftlichen Freiheitsbedürfnissen die Existenz von SUVs schlicht und ergreifend unsinnig ist. Der SUV existiert nur, weil Menschen sagen: Ich will aber einen SUV haben. Das hat mit Freiheit nichts zu tun, sondern mit Quengeligkeit. Apropos: Wenn Friedrich Merz zur Hochzeit von Christian Lindner mit dem Privatjet nach Sylt fliegt, dann ist auch da die Zeit gekommen für Verbotspolitik. Es gibt keinen vernünftigen Grund, warum man die Inanspruchnahme einer solchen infantilen Form von Freiheit zulassen sollte. «Ich möchte selbst entscheiden dürfen, ob ich mit meinem Privatjet fliege!» Was für ein riesengroßer, präzedenzloser Unsinn.

Dass diejenigen, die das Klima am meisten schädigen, sich über die Auswirkungen ihres Verhaltens vollkommen bewusst sind, zeigt auch Douglas Rushkoff in seinem Buch «Survival of the Richest: Escape Fantasies of the Tech Billionaires». Durch die Ausführungen Rushkoffs wird überdeutlich, dass diejenigen, die den Planeten an den Rand des Kollapses drängen, diesen längst aufgegeben haben. Dementsprechend fragt man sich in jenen Kreisen eher Folgendes:

> **«Which region will be less affected by the coming climate crisis: New Zealand or Alaska? Is Google really building Ray Kurzweil a home for his brain, and will his consciousness live through the transition, or will it die and be reborn as a whole new one? Finally, the CEO of a brokerage house explained that he had nearly completed building his own underground bunker system and asked: ‹How do I maintain authority over my security force after the Event?›**
>
> **This single question occupied us for the rest of the hour. They knew armed guards would be required to protect their compounds from the angry mobs. But how would they pay the guards once money was worthless? What would stop the guards from choosing their own leader? The billionaires considered using special combination locks on the food supply that**

> **only they knew. Or making guards wear disciplinary collars of some kind in return for their survival. Or maybe building robots to serve as guards and workers - if that technology could be developed in time.» [42]**

Das muss man sich mal vorstellen: Während einige Menschen hierzulande allen Ernstes andere moralisch angehen, die beim Bäcker nicht den Refill-Cup mitgebracht haben, fragen sich diejenigen, die den Planeten tatsächlich zerstören, ob wir, wenn die Katastrophe final eintritt, schon die Technik haben, Luxusbunkeranlagen von robotisierten Wachen beschützen zu lassen, die eben nicht Gefahr laufen, gegen ihre Herrscher aufzubegehren. Ich möchte an dieser Stelle betonen, dass ich nicht der Auffassung bin, dass jene Menschen sich Luxusbunker kaufen, weil sie in besonderer Weise durchtrieben oder dekadent sind, sondern schlicht und ergreifend, weil sie es im Kapitalismus eben können. Wir leben in einem System, welches einen solchen Zugriff auf Luxusgüter und, damit verbunden, eine solche Zerstörung der natürlichen Ressourcen nicht nur zulässt, sondern aktiv befördert. Dort, wo Nachfrage herrscht, wird ein Angebot geschaffen, völlig egal, welche Auswirkungen das haben mag. Superreiche, die Überlegungen anstellen, wie sie der Klimakatastrophe in den eigenen

Bunkeranlagen entkommen können, sind bloß eine Extremisierung der kapitalistischer Produktionsweise eingeschriebenen Problematik. Diejenigen, die im Besitz der Produktionsmittel sind, können Mensch und Natur nach Belieben ausbeuten. Sie tun es nicht notwendigerweise, weil sie so böse sind, sondern schlicht, weil sie es können. Und da muss eine kluge ökologische Kritik auch ansetzen.

Was wir brauchen, ist etwas, was den Grünen stets zu Unrecht zugeschrieben wird: eine wohlüberlegte Verbotspolitik. Und zwar keine, welche Bürgerinnen dazu auffordert, statt täglich zu duschen doch einfach den Waschlappen zu benutzen, um Energie zu sparen, wie es Winfried Kretschmann im Zuge der Energiekrise tat. Es geht darum, die von Liberalen gerne zum höchsten demokratischen Gut hochgejazzte «Konsumentensouveränität» infrage zu stellen. Der Soziologe und Direktor des Frankfurter Instituts für Sozialforschung Stephan Lessenich formuliert es in einer Rezension des empfehlenswerten Buches «Verbot und Verzicht» von Philipp Lepenies wie folgt:

> **«Die Souveränität der Konsument:innen mutiert in diesen Akten selbsterklärter Abwehr staatlicher oder auch bloß institutioneller Übergriffe unversehens zur Ty-**

rannei, der ungebundene, nur sich selbst und seiner Autonomie verpflichtete Einzelne - als Konsument, Mobilitätsfreak, Impfskeptiker et cetera - zum Tyrannen, der Einschränkungen seiner privaten Entscheidungshoheit (also jede Form der checks and balances, wie man sie von der politischen Demokratie kennt) nicht nur ablehnt, sondern geradezu als Hochverrat skandalisiert.» [43]

Diese Form der «autoritären Freiheit», wie Philipp Lepenies es formuliert, weist jede Beschränkung der bürgerlichen Konsumentinnensouveränität als geradezu pervers zurück, und ebenjener Kulturkampf kommt gut bei den Wählerinnen an. So postete Markus Söder im Februar 2023 einen Instagram-Beitrag mit folgender Botschaft: «Bayern ist anders als Berlin, wir lehnen Wokeness, Cancel Culture und Genderpflicht ab. Bei uns darf man essen, was man will, sagen und singen, was einem gefällt.» [44] Freiheit ist, was Markus Söder und andere traditionelle Bayern wollen oder nicht wollen. Man kann nur hoffen, dass sich nicht allzu viele Menschen von einer solchen Politik der Quengeligkeit verblöden lassen, aber das sieht bekanntlich ja eher schlecht aus. Es sei nicht ohne eine gewisse Lakonie darauf hingewiesen, dass Konservative und Neoliberale, die sich in Sachen Klimaschutz strikt gegen jede Form der Verbotspolitik wehren, an anderer Stelle offenbar überhaupt kein Problem damit haben, Verbot und Verzicht zur politischen Maxime zu machen, denken wir z. B. an das Hartz-IV-Regime. Aber sonst sollen laut Konservativen und Liberalen alle bitte machen dürfen, was sie machen wollen – ausgenommen natürlich Schwangerschaftsabbrüche und gleichgeschlechtliche Ehen, das passt ganz offenbar nicht zu Weißwurst und Dieselmotor.

Das ist exakt das, was Philipp Lepenies meint, wenn er von «autoritärer Freiheit» spricht. Alles, was das eigene infantile Freiheitsbedürfnis potenziell auch nur ansatzweise einschränken könnte, wird als quasidiktatorisch diffamiert, als wäre die kompromisslose Verteidigung des eigenen Lebensstils nicht auch einer totalitären Freiheitsauffassung ursprünglich. Das kann man sehr gut an den öffentlich vorgebrachten Argumenten ihrer wichtigsten Anhänger erkennen. So bezeichnet Ulf Poschardt, WELT-Redakteur, gegenüber Deutschlandfunk Kultur die deutsche Autobahn als «letztes Freiheitsfeld», was es, wie er an anderer Stelle im eigenen Medium schreibt, gegen die «säkularcalvinistische Gemeinde», ergo die «sündenfreie Elite», bedingungslos zu verteidigen gilt. Dieses kleinkindhafte Gezeter ist intellektuell nur schwerlich zu ertragen, erfüllt es doch einzig und allein den Zweck, jede Form der Kritik als sektenhaft und umerzieherisch zu brandmarken. Es ist, wenn man es denn zu leisten vermag, für einige Sekunden von diesem ausgesprochenen Blödsinn zu abstrahieren, schon sehr lustig, dass Ulf Poschardt gefühlt alle paar Tage die Klimapolitik junger Aktivisten zum religiösen Kult erklärt und zugleich die deutsche Autobahn zum «letzten Freiheitsfeld» mystifiziert. Hier zeigt sich ganz deutlich die tiefe antipolitische Kränkung derer, die befürchten, durch eine Verbotspolitik um ihre verdiente Freiheit gebracht zu werden. Poschardt, Lindner und Co. fühlen sich von Fridays for Future und anderen Klimabewegungen gegängelt und moralisch belehrt und versuchen ihren daraus resultierenden Beißreflex als nüchterne Mehrheitsmeinung der freiheitsliebenden Deutschen zu verkaufen. Dabei macht man es sich denkbar einfach, denn der Vorwurf der übermäßigen Inanspruchnahme klimaschädlicher Konsumgüter, dem sich Poschardt und Co. regelmäßig ausgesetzt sehen, wird einfach gegen diejenigen gewendet, die zur «sündenfreien Elite» zählen. So wird regelmäßig der Nachweis erbracht, dass auch wichtige Figuren der Klimabewegung mal in ein Flugzeug steigen oder dass das Bündnis «Klimaneustart Berlin» von reichen US-Amerikanern finanziert wird. [45]

Die denkbar einfache Botschaft lautet: «Aha! Ihr

seid doch gar nicht besser als wir! Ihr sündigt doch auch!» Eines aber muss man Ulf Poschardt lassen: Seine Argumente können nur deswegen verfangen, weil Klimapolitik auch von grünen Hipstern derart privatisiert wird. Wenn man Menschen dafür beschämt, dass sie sich beim Kauf eines Einweg-Kaffeebechers nicht unmittelbar an der vermeintlichen Weltrettung beteiligen, ermöglicht man erst, dass idiotische Slogans wie «Freiheit statt Ökodiktatur» in der Bevölkerung verfangen können und sich die sektiererischen Freiheitskämpfer zum Opfer einer totalitären grünen Diktatur hochstilisieren können. Allzu häufig wird dann nämlich erfolgreich so getan, als stünde man mit der eigenen Verzichtsverweigerung an der Seite des «kleinen Mannes». So verlautbarte der damalige Fraktionschef der CDU, Ralph Brinkhaus, 2019 gegenüber der Bild am Sonntag: «Ich schäme mich nicht dafür, dass ich Leute vertrete, die mit einem Verbrennungsmotor unterwegs sind, Nackensteak essen und fleißig sind. Diese Leute sind das Rückgrat unserer Gesellschaft. Und mit ihnen zusammen und nicht gegen sie möchten wir als Union in die Zukunft gehen.» [46] Dem Wahlvolk wird auf diese Weise seit Jahren erfolgreich der Eindruck vermittelt, dass sein Lebensstil sich nicht an klimapolitische Realitäten anzupassen habe und ein Staat, der es dazu zwingen will, unweigerlich zum Diktatorischen tendiert. Dazu Philipp Lepenies:

«In der Vorstellung der Illegitimität verbindet sich die Vorstellung einer positiven Freiheit (‹Ich darf›) mit der Vorstellung einer negativen Freiheit (‹Der Staat darf nicht›).» [47] Der Staat als ein Akteur, der bitte so gut es geht zu unterlassen hat – denn die Leute sind ja mündig genug, um selbst rationale Entscheidungen zu treffen. Hier zeigt sich etwas, was ich als «konservative Bindungsstörung» bezeichnen würde. Bindungsängstliche Menschen sehen in anderen, die ihnen ein Mindestmaß an Verantwortungsübernahme für das eigene Verhalten abverlangen, stets eine omnipräsente Bedrohung der eigenen Freiheit. Freiheit ist aber, und zwar in jeglicher Hinsicht, relational zu betrachten. Egal wie sehr Thatcher, Lindner, Poschardt und Co. eine Gesellschaft der Gesellschaftslosen auch zu propagieren versuchen, wir leben tatsächlich in einer Gesellschaft, in der Freiheit bedeutet, Kompromisse eingehen zu müssen.

Die Rettung des Planeten ist innerhalb einer kapitalistischen «Der Kunde ist König»-Mentalität nicht zu ermöglichen. Generell sind die Notwendigkeiten, die sich aus der nahenden, und in anderen Teilen der Welt bereits real eintretenden, Klimakatastrophe in keiner Weise zusammenzubringen mit dem Wachstumsgebot des Kapitalismus. Da mag es dem einen oder anderen wie ein sinnvoller politischer Vorschlag erscheinen, CO_2-Einsparungen über den Preis für ebensolche zu steuern. Die Idee: Erhöht man den Preis, den Unternehmen für den Ausstoß von CO_2 bezahlen müssen, werden andere Energieformen automatisch interessanter für den Produktionssektor. Wie Ulrich Thielemann im Makroskop Magazin argumentiert, sollten Regierungen allerdings eher mit einem CO_2-Restbudget arbeiten:

> **«So wie alle bisherigen Regierungen, weigert sich auch die gegenwärtige Bundesregierung hartnäckig, ein CO_2-Budget anzuerkennen. Täte sie es und folgte sie dem dringenden Rat des von ihr selbst eingesetzten Sachverständigenrates für Umweltfragen (SRU), würde sofort ersichtlich, dass Deutschland seine Emissionen weitaus drastischer und rascher reduzieren müsste als derzeit vorgesehen.**
> **Das Budget, das Deutschland verbleibt, wenn das Land seine Verpflichtungen dafür einhalten soll, dass sich die Welt mit einer Wahrscheinlichkeit von 50 % nicht um mehr als 1,5 Grad erwärmt, beträgt 3,1 Gigatonnen (Gt). Deutschland müsste seine Emissionen jährlich um 10,8 % verringern. Das Budget wäre bis 2031 aufgebraucht. Würde das aktuelle Emissionsniveau fortgesetzt, wäre das Restbudget Deutschlands in vier Jahren aufgebraucht.»** [48]

Thielemann schlussfolgert:

> **«Es verhält sich nun einmal so, dass die Menschheit nur noch über ein begrenztes Restbudget an Emissionen verfügt, sollen denn katastrophische Zuspitzungen des Klimas vermieden werden. Die Daten dazu liefert der IPCC. Um die Erderwärmung mit einer Wahrscheinlichkeit von 50 % auf 1,5 Grad zu begrenzen, dürfen global nur noch 500 Gt emittiert werden. Daraus leitet der SRU das besagte Restbudget für Deutschland von 3,1 Gt für diesen Zielwert ab, auf den sich nun ja auch die Ampelkoalition laut Koalitionsvertrag vollmundig verpflichtet hat (aber auf kein CO_2-Budget, was ohne Widerspruch nicht haltbar ist).»** [49]

Hinter der Vorstellung, dass sich eine klimaneutrale Welt über die Höherbepreisung von CO_2 herstellen lässt, verbirgt sich der Irrglaube, dass man bekannte Marktmechanismen einfach so auf ebenjene Krise anwenden könnte, und dann würde sich das Problem schon irgendwie lösen – schließlich, so der Glaube, fließt das Kapital ja immer dorthin, wo es sich für den, der es investiert, am meisten lohnt. So schön diese Idee klingen mag, so tückisch ist jedoch ihr Stattfinden in der Realität. Die Erfahrung der letzten Jahre zeigt, dass der Handel mit Emissionsrechten eine hochgradig inegalitäre Struktur aufweist. Zahlungskräftige Länder werden ärmeren Ländern immer Emissionszertifikate abkaufen können, um ihren Mehrverbrauch an CO_2 zu perpetuieren. Thielemann:

> **«Die obersten zehn Prozent der Weltbevölkerung beanspruchen so viel Energie für sich wie die unteren 80 Prozent. Klimapolitisch gibt es also bei den Armen ohnehin nichts zu holen. (Und da helfen auch keine Treibhausgassenken.) Schon allein damit erweist sich Klimapolitik über den Preis, die ja stets darin besteht, dass Zahlungskräftige weniger Zahlungskräftigen die Emissionsrechte abkaufen, als von vornherein verfehlt und wirkungslos.»**

Das Thema CO_2-Budget ist deswegen ganz entscheidend für meine Argumentation, weil ich der Auffassung bin, dass der Glaube daran, man könnte einen cleveren Marktmechanismus finden, um die Klimakrise zu lösen, ein antipolitischer Irrglaube ist. Faktisch ist, egal wie oft es seitens konservativer und liberaler Politikerinnen in technokratischer Weise geleugnet wird, der Kapitalismus mit seiner für ihn essenziellen Funktionsweise mit der Klimakrise in keiner Weise übereinzubringen. Die Ressourcen des Planeten sind eben faktisch endlich. Wir wissen, weil es genug Wissenschaftlerinnen gibt, die diese Prognosen für uns berechnet haben, ziemlich genau, welche Menge an CO_2 wir noch ausstoßen dürfen, bevor die erdklimatischen Kipppunkte erreicht werden. Es ist deshalb eine radikale Politik der Endlichkeit einzufordern. Mir ist bewusst, dass Politik bedeutet, Realitäten zu verhandeln. Diese Realität aber, das möchte ich ganz ausdrücklich sagen, ist schlicht und ergreifend nicht verhandelbar. Und gerade von einer grünen Partei ist zu erwarten, dass sie eben nicht versucht, die Klimaunverträglichkeit einer kapitalistischen Produktionsform leicht abzustumpfen, sondern ganz eindeutig formuliert, was notwendig ist. Wenn dann Mitglieder der eigenen Partei noch Tipps geben, wie man durch die Benutzung eines Waschlappens Energie einspart, dann muss man allen Beteiligten gratulieren. Im Jahre 2022 sind Aussagen grüner Politikerinnen oftmals nicht mehr zu unterscheiden von den Haushaltstipps der Apothekenumschau. Es ist keine Lösung, klimaschädliche Konsumgüter teurer zu machen, das ist ungerecht, vor allem aber politisch nicht vermittelbar. Man kann einer Familie, die drei Jahre spart, um sich überhaupt den Ryanair-Flug in die Türkei leisten zu können, nicht glaubhaft machen, dass sie sich an der Rettung der Welt zu beteiligen habe, indem sie auf ebenjenen Billigflug verzichtet. In einer Welt, in der zeitgleich Yachten mit Dieselmotor ungestört über die Weltmeere schippern, löst ebenjener Diskurs verständlicherweise Beißreflexe aus. Richtig ist, mit den tatsächlichen Gegebenheiten zu arbeiten. Wir haben ein Restbudget von CO_2 und müssen uns als Weltgemeinschaft darauf einigen, wie wir mit diesen Restressourcen verfahren wollen. Ich weiß, dass dieser Gedanke eine beinahe unverschämte Illusion darstellt, aber das ist die faktische Kulisse, vor der die Frage diskutiert werden sollte, wie gute, gerechte Klimapolitik geht.

Die Lösung ist jedenfalls nicht, die schnöde Kapitalismuskritik der Bessergestellten unüberlegt öffentlich wiederzukäuen. In all den Jahren meines politischen Engagements habe ich ökologischen Minimalismus und andere Formen der performativen Askese immerzu bei Bessergestellten erlebt. Wenn du in einer großen Altbauwohnung lebst, dann geht dir dein Bekenntnis zum Minimalismus möglicherweise leichter von der Hand. Nachhaltigkeit ist hier vor allem eine Gefühlsware, für die du im Bio-Supermarkt einen Aufpreis bezahlst. Es ist gut und richtig, dass sich Menschen auch privat mit den planetarischen Grenzen beschäftigen und ihre eigene Beteiligung an der anstehenden Krise reflektieren. Der Glaube, man könne die Klimakrise privat lösen, ist aber die gefährlichste Form der Entpolitisierung ebenjener. Wo der Einzelne alles in seiner Hand hat, wird Politik eben unnötig. Ich will es deutlich sagen: Wenn du, der du dieses Buch liest, aus irgendwelchen Gründen glaubst, die Klimakrise sei eine private Angelegenheit, dann verschlimmerst du diese. Denn durch die Auffassung der Klimakrise als bewältigbare Kraftanstrengung einzelner Menschen wird effektiv verschleiert, dass diese Krise eng mit den Produktionsverhältnissen des Kapitalismus zusammenhängt und nicht innerhalb jener überwunden werden kann.

Kapitel 4

Demokratie repolitisieren!

Eine provokante Formel vorweg: Liberale Demokratie ist Kapitalismus plus Wahlen, mehr nicht. Anfang Januar 2023 fragte die BILD-Zeitung mich per Mail, ob ich noch auf dem Boden der Demokratie stehe. Ich hatte in einem Instagram-Video zur Hetze und Radikalisierung gegen die CDU aufgerufen – vor allem, um nachzuweisen, dass ebenjene Partei und ihre Repräsentanz durchaus dazu in der Lage ist, demokratiefeindliche Positionen im öffentlichen Diskurs als solche zu entlarven und zu kritisieren, aber nur, wenn diese vom politischen Gegner kommen. Dieser Nachweis gelang mir: CDU-Politiker setzten aufgrund meines Videos den Westdeutschen Rundfunk so sehr unter Druck, dass dieser in einer Rundfunkratssitzung beriet, ob ich als freier Mitarbeiter politisch weiterhin tragbar sei. Zudem wurde ich wegen Volksverhetzung angezeigt. Um also auf die Frage der BILD-Zeitung zurückzukommen: Nein, ich stehe nicht auf dem Boden der Demokratie. Und zwar nicht, weil ich autoritäre Systeme per se präferiere, sondern aufgrund dessen, was ich mit meinem Eingangssatz bereits angedeutet habe: Demokratie in ihrer jetzigen Form ist für mich nichts anderes als Kapitalismus plus Wahlen. Dazu schreibt Colin Crouch in seinem Buch «Postdemokratie»: «Demokratie erfordert ein gewisses Maß an Gleichheit, was die tatsächlichen Möglichkeiten aller Bürger angeht, auf die politischen Entscheidungen einzuwirken. Der Liberalismus hingegen setzt auf freie, vielfältige und weitreichende Möglichkeiten, die Ergebnisse politischer Prozesse zu beeinflussen.» [50]

Nach jeder abgehaltenen Landtags- oder Bundestagswahl erleben wir die gleichen rührseligen Politiker-Statements in den eingefahrenen «Elefantenrunden» der öffentlich-rechtlichen Talksendungen. Beklagt wird stets der Rückgang der Wahlbeteiligung, die Demokratiemüdigkeit Einzelner: «Wir konnten die Bürgerinnen und Bürger nicht im ausreichenden Maße von unseren Ideen überzeugen.» Oder wie es einer der Hauptarchitekten der Agenda 2010, Frank-Walter Steinmeier, sagen würde: «Die Demokratie ist kein Supermarkt. Da kann man nicht hingehen und sich das, was einem gefällt, aus dem Regal nehmen.» [51]

Frank Frank-Walter Steinmeier hat völlig recht: Etwa ein Fünftel der Deutschen hat so wenig Geld zur Verfügung, dass sie sich die Demokratie tatsächlich nicht leisten können. Was meine ich damit? Schaut man sich die Wahlbeteiligung nach sozioökonomischer Situation der Einzelnen an, fällt einem auf, dass Reiche besonders gern und Arme besonders ungern wählen. Dazu schreiben Sigrid Roßteutscher und Armin Schäfer in ihrer Studie «Asymmetrische Mobilisierung: Wahlkampf und ungleiche Wahlbeteiligung»: «Wählten Angehörige aller Schichten noch in den siebziger Jahren mit ähnlich hoher Wahrscheinlichkeit, gaben nach der Bundestagswahl 2013 nur noch 65 Prozent derjenigen an, gewählt zu haben, die sich selbst zur Unterschicht zählten, während dies 97 Prozent der Oberschichtangehörigen für sich reklamierten.» [52] Es gibt also einen eindeutigen Zusammenhang zwischen Wahlbeteiligung und Armut. Bei der Landtagswahl in NRW im Jahr 2022 haben im extrem prekären Stadtteil Köln-Chorweiler nur 21,91 Prozent von ihrem Stimmrecht Gebrauch gemacht. [53] Wie Roßteutscher und Schäfer in ihrer Studie veranschaulichen, gibt es in der Politikwissenschaft drei Standarderklärungen politischer (Nicht-)Beteiligung: Motivation, Ressourcen und Rekrutierung: «Menschen partizipieren nicht, because they don't want to, because they can't, because nobody asked them.» [54]

Untersuchungen zeigen ganz eindeutig, dass Parteien dort immer weniger Wahlkampf betreiben, wo wenig gewählt wird, was natürlich nicht verwunderlich ist, da Parteien strategische Akteure sind und ihre Ressourcen möglichst gewinnbringend einzusetzen versuchen. Daraus ergibt sich aber eine erschütternde Realität: «Nichtwahlhochburgen sind immer sozial benachteiligte Viertel, die durch überdurchschnittliche Armut und Arbeitslosigkeit, aber auch einen hohen Migrantenanteil gekennzeichnet sind. In diesen Stadtteilen liegt die Wahlbeteiligung bei Bundestagswahlen 30 bis 40 Prozentpunkte unter der in wohlhabenden Stadtteilen.» [55] Der Armutsforscher Christoph Butterwegge bringt es auf seine Weise im Deutschlandfunk auf den Punkt: «Die alleinerziehende Mutter im Hartz-IV-Bezug, die am Zwanzigsten des Monats nicht mehr weiß, wie sie noch etwas Warmes für die Kinder auf den Tisch bekommt, hat andere Sorgen, als sich zu entscheiden, ob Kutschaty oder Wüst Ministerpräsident in NRW sind.» [56]

Zudem möchte ich mit einer grundsätzlichen Fehlannahme aufräumen, genauer mit der Behauptung, dass die freie Marktwirtschaft die demokratischste aller Produktionsweisen ist. Die Erzählung lautet hierbei, dass nur der freie Markt durch seine Konkurrenzstruktur innovationsfördernd sei und alle

Marktteilnehmerinnen die gleiche Chance hätten, mit ihren Ideen und Produkten einen Absatzmarkt zu finden. Man kann sich das Ganze wie einen Marktplatz vorstellen, auf der verschiedene Anbieter von Waren einen Stand haben, für den sie eine Gebühr bezahlen. Das wäre dann beispielsweise, sehr einfach ausgedrückt, die Unternehmenssteuer. Eine Art Standgebühr, die zu entrichten ist dafür, dass Unternehmen den Wirtschaftsstandort Deutschland samt der damit einhergehenden Infrastruktur nutzen. Nun sieht die Realität aber ganz anders aus, denn in wichtigen Branchen haben wir es tatsächlich mit monopolistischen Strukturen zu tun. Amazon ist beispielsweise kein Marktteilnehmer mehr, sondern faktisch Marktbesitzer. Philipp Staab, Soziologe und Autor des empfehlenswerten Buches «Digitaler Kapitalismus», spricht in dieser Hinsicht von «proprietären Märkten». Staab zufolge sind die GAFA-Unternehmen (Google, Apple, Facebook und Amazon) sowie ihre chinesischen Pendants (Alibaba und Tencent) keine Marktteilnehmer, sondern faktisch Marktbetreiber: «Die Leitunternehmen des kommerziellen Internets sind weniger Produzenten, die auf Märkten agieren, als Märkte, auf denen Produzenten agieren.» [57] Diese Marktbesitzer eint, dass sie dazu in der Lage sind, unknappe Güter zu kapitalisieren. Apple berechnet für In-App-Käufe eine Provision von sage und schreibe 30

Prozent. Die Verkaufsgebühr bei Amazon liegt je nach Produktkategorie zwischen 8 und 15 Prozent. Die genannten Unternehmen verdienen also einzig und allein dadurch enorm viel Geld, dass sie im Besitz von Märkten sind und Produzenten auf die Plattformen angewiesen sind, um ihre Waren Kundinnen anbieten zu können. Nun eine vielleicht unerwartete Aussage meinerseits: Ich liebe Amazon und ich finde es wahnsinnig albern, wenn Linke versuchen, Menschen davon zu überzeugen, dass Amazon boykottiert gehört. Die kurzen Lieferzeiten, das Vorhandensein einer schier unglaublichen Anzahl an Waren sowie die unkomplizierte Zahlungsabwicklung erleichtern den Alltag von Millionen von Menschen. Ich habe persönlich noch keine stichhaltige und kluge Erklärung gehört, warum ein solcher Service nicht auch funktionieren würde, wenn Amazon ein staatliches Unternehmen wäre.

Nicht nur Amazon begegnet uns als Monopol im Alltag, auch Lieferdienste sind dabei hervorzuheben. Lieferando hat 2019 pizza.de, foodora.de, lieferservice.de und Lieferheld aufgekauft. Daraus ergibt sich Stand 2023 ein Marktanteil von etwa 80 %. Das hat massive Folgen für Restaurants und Driver: Lieferando konkurriert nicht länger mit anderen Plattformen um Arbeitskräfte und Plattformnutzer (ergo

Restaurants) und kann somit die Nutzungsbedingungen völlig willkürlich festsetzen: 30 Prozent müssen Restaurants pro Bestellung abdrücken, wenn ein Lieferando-Driver diese ausfährt. Nutzen Restaurants bloß die Plattform und fahren die Bestellungen selbst aus, liegt die Gebühr bei 13 Prozent. Das muss man sich mal vorstellen: Lieferando kapitalisiert hier keine real erbrachte Leistung, sondern einzig und allein ein Marktprivileg. Was das für die Rider konkret bedeutet, hört man immer wieder: Das Geld reicht nicht zum Leben, die von Lieferando gestellte Arbeitskleidung bietet keinen effektiven Schutz vor Wind und Wetter und Versuche, Betriebsräte zu wählen, werden immer wieder aktiv von der Unternehmensführung torpediert. [58] Dass Lieferando-Driver im März 2023 wieder einmal zu deutschlandweiten Streiks aufrufen, überrascht dementsprechend kaum. [59] Streiks sind Konservativen und Liberalen ja immerzu ein Dorn im Auge. So forderte die CDU-Mittelstandsunion im Zuge der Bestreikung mehrerer Flughäfen im März 2023 die Einschränkung des Streikrechts bei der kritischen Infrastruktur. Das Streikrecht dürfe nicht missbraucht werden, um «im frühem Stadium von Tarifverhandlungen unverhältnismäßigen Druck auszuüben und durch die Einbeziehung der kritischen Infrastrukturen schweren Schaden anzurichten». [60] Wenngleich diese zutiefst undemokratische Haltung wenig überrascht, so ist doch allgemein festzustellen, dass Streiks auch deswegen recht unpopulär sind, weil sich Leitmedien auf ein Framing geeinigt haben, welches immer wieder reproduziert, dass es nicht die schlechte Bezahlung sei, die Flughäfen und Bahnhöfe lahmlegt, sondern der Arbeitskampf. Somit wird den Gewerkschaften multimedial stets die Täterrolle zugeschrieben, wenn das öffentliche Leben gestört wird. Vielleicht braucht es an dieser Stelle wirklich mal eine kluge linke Sprachpolitik. Statt davon zu sprechen, dass Urlauber von einem Streik betroffen sind, könnte man auch sagen, dass Urlauber davon betroffen sind, dass diejenigen, die sie in den Urlaub befördern, nicht ausreichend gut bezahlt werden.

Linke behaupten gerne, man könne Ideen wie den Sozialismus oder Kommunismus nicht pauschal als autoritäre Systeme abwerten, weil weder der Sozialismus noch der Kommunismus je *wirklich* erprobt wurde. Ich würde ergänzen, dass das für die Demokratie durchaus auch gilt. Nur wer eine Bevölkerung in die Lage versetzt, veritabel an demokratischen Prozessen teilnehmen zu können, kann ernsthaft von sich behaupten, Demokratin zu sein. Ständig auf das Wahlrecht der Leute zu verweisen ist die maximale Verdrängung der politisch erzeugten Dysfunktionalitäten unserer allenthalben auf kindische Weise verheiligten

Demokratie. Bei der Bundestagswahl haben 76,6 % von ihrem Stimmrecht Gebrauch gemacht, die Mehrheit der Menschen hat sich also am wichtigsten demokratischen Prozess beteiligt. Diejenigen aber, die das nicht getan haben, haben schlicht keinen Glauben mehr daran, dass die Teilnahme an einer politischen Wahl ihr Leben in irgendeiner Weise verbessern könnte, und liegen damit aus meiner Sicht völlig richtig. Ich möchte es in aller Deutlichkeit sagen: Wer sich Demokratin nennt, muss im Grunde für sozialistische Politik sein. Denn nur aus einer gewissen Gleichheit heraus können Menschen wirklich gleichwertig an politischen Prozessen teilnehmen. Wenn aber Konzernvorstände das Tausendfache von dem verdienen, was der Arbeiter und die Arbeiterin an der Maschine verdienen, dann hat diese Schere zwischen Arm und Reich schädigenden Einfluss auf die Demokratie. Eine Politik, die dieses Problem nicht lösen möchte, wird das eigene Demokratiebedürfnis auch weiterhin ausschließlich in schnoddrigen Weihnachtsansprachen dem weihnachtskeksbetäubten Fernsehpublikum zu vermitteln versuchen, nicht aber dadurch, den Menschen tatsächliche Beteiligung zu ermöglichen. Die Aussage Frank-Walter Steinmeiers, dass die Demokratie eben kein Supermarkt sei, ist genau aus diesem Grund aufs Schärfste zu verurteilen und als das zu bezeichnen, was sie ist: Die unerträgliche Arroganz der Macht. Kaum einer hat durch die Anwendung der Agenda 2010, ergo mit der größten Kürzungswelle sozialer Geldleistungen, die es jemals gab, so effektiv dafür gesorgt, dass die Demokratie kein Supermarkt ist, wie Frank-Walter Steinmeier. Die Rührseligkeit, mit der solche Politiker ihre mundwarmen Statements in die Kameras der öffentlich-rechtlichen Anstalten hauchen, ist aus meiner Sicht unerträglich und zynisch. Es ist mir in keiner Weise begreiflich zu machen, wie irgendwelche Politikerinnen die Dreistigkeit besitzen, in den Talkshows dieser bräsigen Medienrepublik ernsthaft die «Spaltung der Gesellschaft» zu beklagen. Als sei die Aggression und Wut, die sich immer häufiger in politischen Diskussionen entlädt, Zeugnis verirrter Individuen, welche die Fähigkeit verloren haben, andere für ihre Andersartigkeit zu schätzen und zu respektieren. Die bittere Wahrheit ist: Die Politik lässt uns untereinander so unterschiedlich werden, dass uns schlicht und ergreifend nichts mehr verbindet. Die häufig von Konservativen für die eigene Politik missbrauchte «Netto-Kassiererin» lebt in einem völlig anderen Land als Verena Bahlsen. Ich meine das nicht mal symbolisch, denn aus der Soziologie wissen wir, dass die Segregation, also die räumliche Trennung gewisser gesellschaftlicher Gruppen nach Einkommen, Ethnizität oder Religion, so eklatant voranschreitet, dass man teilweise von vollständig entmischten Lebensräumen sprechen muss. Ich habe dazu einen Witz in meinem Programm, den ich gerne verschriftlichen will: «Treffen sich ein Superreicher und ein Obdachloser – Nein. Tun sie nicht. Wo denn?» Ja, wo denn? Wer schon einmal in Hamburg-Blankenese war, weiß, was Segregation bedeutet. Dort bilden sich im wahrsten Sinne des Wortes gefährliche Parallelgesellschaften und Großfamilien, die ganz manifest davon profitieren, dass die Behörden ebensolche Gebiete im steuerhinterziehungstechnischen Sinne als «No-Go-Area» klassifizieren.

Die Wahrheit ist: Die Politik hat sich ihre «Brennpunkte» selbst gemacht und in der Aufrechterhaltung derselben zeigt sich eindeutig, wie sehr Menschen im Kapitalismus auf ihre Nutzbarkeit reduziert werden. Stadtteile wie Duisburg-Marxloh sind das direkte und unmittelbar sichtbare Resultat einer Politik des «Laissez-Faire», oder eben von «Antipolitik». Hier zeigt sich so sehr wie nirgends sonst, was passiert, wenn der Staat seine Möglichkeiten verleugnet, politisch auf die Lebensqualität der Menschen vor Ort einwirken zu können. Neoliberale Figuren in der Öffentlichkeit werden nicht müde zu betonen, wie wichtig ihnen der freie Mensch ist, der sein Potenzial frei entfaltet, der seine Arbeitskraft auf freien Märkten anbietet, die der Staat bitte ohne jegliche Intervention frei schalten und walten zu lassen hat. Und dennoch zeigt sich in der neoliberalen Staatsfeindlichkeit ein besonderes ideologisches Moment, wie auch Mark Fisher beobachtet, der in «Kapitalistischer Realismus ohne Alternative?» schreibt, dass der Neoliberalismus immer wieder hinterrücks auf den Staat zurückgegriffen habe, während er ihn ideologisch missbilligen würde: «Dies wurde auf spektakuläre Art und Weise während der Bankenkrise 2008 klar, als der Staat auf Einladung neoliberaler Ideologen herbeieilte, um das Bankensystem zu schützen.» [61] Das Verhältnis des Neoliberalismus zum Staat ist demnach äußerst bipolar. Er wird als innovationshemmender und wachstumsabschwächender Akteur so lange verteufelt, bis er systemrelevante («too big to fail») Finanzinstitutionen zu retten hat, um einen Kollaps der Weltwirtschaft zu verhindern. Unregulierte Finanzmärkte haben während der Finanzkrise 2008 Millionen von Menschen vor allem in den Vereinigten Staaten in die Privatinsolvenz gezwungen, weil Börsenzocker damals die Hypothekenanleihen der Menschen zu Finanzprodukten bündelten (sogenannte «Collateralized Debt Obligations», kurz «CDO») und weiterverkauften, mit der Folge, dass, als viele Menschen ihre Hauskredite nicht mehr bedienen konnten, eine heftige Kettenreaktion ausgelöst wurde. Wie genau das funktionierte, ist hier nicht von großer Relevanz, ich empfehle dafür die Lektüre von Adam Toozes Werk «Crashed». Interessant ist lediglich, dass, obwohl die Finanzkrise katastrophale Auswirkungen auf das Leben der Menschen weltweit hatte, das krisenauslösende Finanzprodukt «CDO» nach wenigen Jahren bereits zurück auf dem Markt war und eben nicht politisch verboten wurde:

> **«Im Spitzenjahr 2007 wurden synthetische CDOs im Wert von 634 Milliarden US-Dollar verkauft. Mangels hoher Renditen sollen sie nun wieder aufgelegt werden, die Gefahren werden verdrängt. Die Wall Street hat wieder Lust auf ein Risikoinvestment, das maßgeblich zur massiven Finanzkrise vor fünf Jahren beigetragen hat: den synthetischen CDO. Angesichts der mauen Zinsen, die mit anderen Finanzprodukten zu erwirtschaften sind, suchen Rendite hungrige Investoren nun nach Risiken. J.P. Morgan Chase und Morgan Stanley wollen in London das Geschäft mit den sogenannten synthetischen Collateralized Debt Obligations (CDO) wieder aufleben lassen.»** [62]

Ryan Gosling, der im sehenswerten Film «The Big Short» von Adam McKay den Banker Jared Vennett spielt, bringt es im Film gut auf den Punkt: «Wenn die Hypothekenanleihen das Streichholz waren und die CDOs die kerosingetränkten Lappen, dann waren die synthetischen CDOs die Atombombe, über deren Knopf ein betrunkener Präsident den Finger hielt.» Und ebenjene wirtschaftliche Atombombe, welche vor allem bedeutete, dass Millionen von Menschen ihre Häuser und Jobs verloren, war nach wenigen Jahren wie selbstverständlich zurück auf dem Markt. Im Jahr 2023 erlebten wir schließlich, wie wenig die Politik aus der Finanzkrise 2008 gelernt hat, als mithilfe der Schweizer Regierung die Credit Suisse mit der Begründung gerettet werden musste, dass die Credit Suisse so groß sei, dass sie «too big to fail» ist. Hier müssen Linke lernen: Infrastruktur, Gesundheitswesen, Schule, soziale Arbeit – allesamt Lebensbereiche, die ebenfalls so systemrelevant sind, dass sie das System zum Einsturz brächten, wenn man sie bestreiken würde. Der Pariser Professor Cédric Durand schreibt in seinem Buch «Fictitious Capital: How Finance is Appropriating our Future»:

> **«Die Hegemonie des Finanzwesens - die fetischisierteste Form des Vermögens - wird nur durch die bedingungslose Unterstützung der öffentlichen Hand aufrechterhalten. Sich selbst überlassen, würde das fiktive Kapital kollabieren; doch das würde auch unsere gesamte Wirtschaft mit in den Abgrund reißen. In Wahrheit ist das Finanzwesen ein Meister der Er-**

pressung. Und genau das müssen Linke auch werden; Meister der Erpressung.»

Ich möchte diese Ausführung dafür nutzen, noch mal genauer zu erklären, was ich mit «Antipolitik» meine. Antipolitik drückt keine antipolitische Haltung im Allgemeinen aus. Wenn ich schreibe, dass Armut und soziale Verwahrlosung nicht das Resultat von schlechter Politik, sondern von verweigerter Politik sind, verbirgt sich dahinter selbstverständlich ein hochpolitischer Akt. Politik drückt immer die staatliche Steuerung von Machtverhältnissen aus. Und natürlich bedeutet die rhetorische und tatsächliche Verknappung politischer Handlungsspielräume à la «Der Staat kann hier gar nichts tun» eine Machtverschiebung hin zu privatwirtschaftlichen Akteurinnen. Aber es ist schon ein bemerkenswerter neoliberaler Taschenspielertrick, eine Politik der Antipolitik zu machen. Ganz besonders deutlich wurde mir dies nochmals in einem Instagram-Video von Christian Lindner aus dem März 2023: «Wir sind jetzt gerade dabei den Haushalt für das Jahr 2024 vorzubereiten und da gibt es ein Problem: Wir haben zwar eine Rekordhöhe bei Steuern und Abgaben, wir haben 424 Milliarden Euro Einnahmen, die wir erwarten, aber trotzdem reicht das Geld nicht aus, für die Ausgaben, die wir geplant haben. Schon die gesetzlichen Standards, schon die gesetzlichen Leistungen sind teurer als die Einnahmen und da kann es jetzt nur einen Weg geben: Wir müssen Prioritäten setzen. Denn noch mehr Belastung für die Menschen, das geht nicht und noch mehr Belastung für die Zukunft durch Schulden, das ist ebenfalls weder ökonomisch sinnvoll noch vom Grundgesetz gestattet, also müssen wir jetzt Politik machen und Politik heißt: Prioritäten setzen.» [63] Hier zeigt sich ganz überdeutlich, was ich mit «Antipolitik» meine: Eine vermeintliche Alternativlosigkeit wird ideologisch herbeigeredet: «Denn noch mehr Belastung für die Menschen, das geht nicht». Die daraus geschlussfolgerte politische Handlung wird naturalisiert: «Wir müssen Prioritäten setzen.» Ganz konkret bereitet Christian Lindner seine hörige Gefolgschaft hier wohl auf einen sozialen Kahlschlag vor. Da das Geld im Haushalt nicht für alle geplanten Ausgaben reicht, müsse eben an bestimmten Stellen eingespart werden. Besonders demokratisch ist eine solche Haltung eindeutig nicht, denn selbstverständlich können Menschen in Deutschland in bedeutend größerem Umfang steuerlich belastet werden, zum Beispiel, ich sagte es bereits, durch die Einführung einer Vermögens- und Erbschaftssteuer. Des Weiteren sei nochmals darauf hingewiesen, dass der Verweis auf die grundgesetzliche Verankerung der «schwarzen 0», ergo der Schuldenbremse, natürlich ebenfalls ein politischer Akt ist, den man umkehren könnte, wenn man denn wollte. In der von der europäischen Partei «DiEM25»» initiierten Petition, die es sich zum Ziel macht, die Schuldenbremse zu stoppen, und von mir erstunterzeichnet wurde, heißt es ganz richtig:

> **«In Wirklichkeit bremst die grundgesetzliche Schuldenregel weder Schulden noch Defizite, sondern schafft und begünstigt sie. Defizite in der Bildung, im Gesundheitssystem, in der Pflege, der digitalen und Verkehrsinfrastruktur, auf dem Arbeitsmarkt und im Umweltbereich. Eine moralische Schuld der unterlassenen Hilfeleistung und des fahrlässigen Nichtstuns gegenüber den von Austeritätspolitik Zurückgelassenen und zukünftigen Generationen. Was die sogenannte Schuldenbremse hingegen tatsächlich bremst, sind Forschung und Entwicklung, Bautätigkeit und staatliche Dienstleistungen, Umwelt- und Klimaschutz, kurzum: Öffentliche Investitionen und daraus resultierender allgemeiner Wohlstand. Sie ist also in Wahrheit eine Investitions- und Wohlstandsbremse.»** [64]

Deutschland wird keine Probleme haben, aus Geldschulden herauszuwachsen. Aber wer mal eine sanierungsbedürftige Schule in prekären Vierteln besucht hat, der weiß, dass die Schulden, die wir den nächsten

Generationen gerade durch diese finanzpolitische Verweigerungspolitik aufbürden, eben nicht monetärer, sondern lebensweltlicher Natur sind.

Eine kluge linke Politik muss also in der Lage sein herauszuarbeiten, wie antidemokratisch die Akteurinnen der selbsterschaffenen «politischen Mitte» sind. Dem ständigen Vorwurf, Linke würden explizit gegen die Demokratie agieren, sollte man selbstbewusst entgegnen, dass man gegen eine Form von Demokratie agiert, die ihre Kernversprechen ganz offensichtlich nicht einlöst. Ich sage es gern noch mal, Kapitalismus plus alle paar Jahre eine Landtags- oder Bundestagswahl ergibt noch keine funktionierende Demokratie. Ich lade alle interessierten Leserinnen dieses Buches dazu ein, auf den gemeinsamen Parteitagen, Stammtisch- und Lesezirkeltreffen eine kluge und massentaugliche Staatskritik zu entwickeln und sich nicht länger damit zufrieden zu geben, sich «ACAB» auf die Wade zu tätowieren oder bierschwanger in der linken Stammkneipe die Internationale zu singen.

Politikerinnen der Mitte gerieren sich allzu gerne als Retter der Demokratie. Ein kluger linksstrategischer Schachzug wäre, bevor man über alternative Staatskonzepte nachdenkt, was man ohne Zweifel tun sollte, öffentlich herauszuarbeiten, dass kaum jemand antidemokratischer agiert als die Befürworter einer neoliberalisierten Gesellschaft. Am Ende gibt es nämlich eine große Gemeinsamkeit zwischen den Versprechen der liberalen Demokratie und Sanifair-Gutscheinen auf Autobahntoiletten: Beides basiert im Kern darauf, nicht eingelöst zu werden.

Kapitel 5

Linkssein repolitisieren!

Linke Politik muss dringend politischer werden. So lautet die provokante Eingangsthese dieses Kapitels, denn, wie ich in der Einleitung dieses Buches bereits schrieb, habe ich den Eindruck, dass selbst Linke mittlerweile eine Gesellschaft der Gesellschaftslosen imaginieren, wenn es um die Verbesserung des Lebens der Einzelnen geht. Die allermeisten innerlinken Diskurse drehen sich um Fragen der Identität – konkret also darum, wie man eine Politik der gesellschaftlichen Sichtbarkeit marginalisierter Gruppen ermöglicht. Dies ist, ich will es noch mal ganz ausdrücklich sagen, lange überfällig und für den politischen Diskurs per se eine ungemein fruchtbare Entwicklung. Identitätspolitiken geben Auskunft darüber, wie Politikgestaltung ganz konkret auf den Einzelnen wirkt, somit wird eine Analyse des Verhältnisses zwischen Mensch und Politik überhaupt erst ermöglicht. Denjenigen, die unentwegt betonen, dass Identitätspolitiken grundsätzlich daran kranken, dass sie Klassenverhältnisse nicht im ausreichenden Maße mitreflektieren, selbst wenn ich große Teile jener Kritik durchaus für berechtigt halte, sei gesagt, dass auch ein vehementes Eintreten für die immanente Verbesserung der Lage ökonomisch benachteiligter Menschen identitätspolitische Elemente enthält. Es geht im Kern um die Überwindung unwürdiger Lebensverhältnisse. Diese sind aber nur überwindbar, wenn Menschen ganz explizit aus ihren unwürdigen Verhältnissen heraus aufschreien und eine politische Teilhabe für sich selbst als Teil einer gesellschaftlichen Gruppe einfordern.

Dem folgend sei an Hannah Arendts ikonischen Ausspruch: «Wenn man als Jude angegriffen wird, muss man sich als Jude verteidigen» erinnert – ein Satz, der wie kein anderer die Notwendigkeit dessen betont, was die Literaturwissenschaftlerin Gayatri Chakravorty Spivak als «strategischen Essenzialismus» bezeichnet. Strategischer Essenzialismus bedeutet nichts anderes, als dass marginalisierte Gruppen essenzialisierende Zuschreibungen verwenden («Wir Frauen», «Wir POCs», «Wir Queers»), um einen politischen Repräsentationsanspruch zu formulieren. Man kann, den Satz Hannah Arendts weiterdenkend, erst begreifen, dass man als Mensch mit Migrationshintergrund rassistisch behandelt wird, wenn man sich als Teil jener Gruppe begreift und sich aus jener Gruppe heraus empört. Allerdings, und das scheint mir der ganz entscheidende Punkt, betont Spivak ja nicht ohne Grund den politstrategischen Teil jener Essenzialisierungen, denn das Ziel jener Menschen, die sich in der Anklage des eigenen erlebten Leids auf die Zugehörigkeit zu einer bestimmten Gruppe beziehen, ist ja Transformation der sie unterdrückenden Verhältnisse. Oder anders gesagt: Weil der Universalismus, der ja verspricht, dass Menschen gleich und als Gleiche zu behandeln sind, seine Versprechen ganz offenkundig nicht hält, wird ebenjene Gleichheit strategisch bezweifelt und politisch gegen diejenigen gewendet, die sich der ungleichen Behandlung von Menschen schuldig machen. Auf der einen Seite stehen also Frauen, POCs und Queers, die sich ungleich behandelt fühlen – und real ungleich behandelt werden, jeder der das leugnet, ist nicht bei Sinnen –, und auf der anderen Seite die, die ungleich behandeln, eine Gruppe, die man in identitätspolitischen Diskussionen gerne als «weiße, heteronormative Cis-Männer» oder kurz «alte weiße Männer» bezeichnet.

Und an dieser Stelle deuten sich bereits Probleme an. Ziehen sich gesellschaftliche Akteure in essenzialistischer Weise in ihre Gruppe zurück, so wollen sie damit ausdrücken, dass ebenjene Gruppe von einer bestimmten Form der Diskriminierung betroffen ist, während andere Gruppen das ganz explizit nicht sind, oder noch weitergehender, dass andere Gruppen diese Diskriminierung ganz konkret betreiben. So weit, so richtig und wichtig. Was aber in den allermeisten linken Diskursen unter den Tisch fällt, ist, dass es durchaus Formen des gesellschaftlichen Leids gibt, von denen die sich gegenüberstehenden Gruppen gleichermaßen betroffen sind. Man kann einem heterosexuellen Cis-Mann nur schwerlich erklären, wieso er so wahnsinnig privilegiert ist, wenn er von Bürgergeld in einer viel zu kleinen Wohnung im Hochhaus wohnt. Es zeigt sich hier ein wiederkehrendes Problem der Identitätspolitik: Während es auf struktureller Ebene unbestreitbar richtig ist, dass weiße heterosexuelle Männer gesellschaftlich übervorteilt sind, kann man diese Erkenntnis nur schwerlich eins zu eins auf den einzelnen Menschen übertragen: Es ist durchaus möglich, dass ein weißer Mann, der unter einer psychischen Erkrankung leidet, ein weit weniger privilegiertes Leben führt, als ein Mensch mit Migrationshintergrund, der im Konzernvorstand eines Unternehmens sitzt.

Dennoch bauen identitätspolitische Forderungen recht häufig auf der Annahme auf, dass gesellschaftliches Leid dadurch zu bekämpfen ist, dass wir als Gesellschaft alle Identitäten gleichermaßen, häufig mittels einer Quotierung bestimmter gesellschaftlicher Posten, abbilden. Wenn nun also Amazon verspricht, den Konzernvorstand zu diversifizieren, bedeutet das erst mal nichts anderes, als dass die Arbeiterinnen im Lager nicht mehr nur von Männern, sondern auch von Queers und People of Color ausgebeutet werden. Oder noch zugespitzter gefragt: Wer putzt eigentlich die Villa der Girl-Bosse? Zumeist Frauen mit Migrationshintergrund. Was genau nun daran emanzipiert sein soll, bleibt mir ehrlicherweise unschlüssig. Kapitalismus ist eben auch, alle Identitäten für den Produktionsprozess nutzbar zu machen, auf dass wir alle, ganz unabhängig von Geschlecht, Herkunft und sexueller Präferenz, genau gleich ausgebeutet sind. Eine linke Kritik kann sich nicht bloß darüber beschweren, dass es die falschen Leute sind (weiße heterosexuelle Männer), die andere ausbeuten. Eine wirkliche Repräsentanz des Einzelnen als Subjekt, welches ein Leben in Würde und ohne Not verdient, bloß durch sein pures Menschsein, ist im Kapitalismus schlicht und ergreifend unmöglich. Eine kluge Identitätspolitik darf nicht den Fehler machen, die schrecklichen Verhältnisse für alle zugänglich zu machen, sondern muss die vollständige Überwindung derselben zumindest als politische Utopie in radikaler Weise forcieren. Zurecht entgegnen Menschen, dass man, um es vulgär auszudrücken, nicht auf die Revolution warten könne, um das Leben der Einzelnen zu verbessern. So richtig und wichtig dieser Einwand sein mag, so ist es von Linken dennoch zu erwarten, dass man politische Ziele wie Diversity und Co. als das betrachtet, was sie sind: Eine berechtigte Form der Symptombekämpfung.

Weitere Probleme ergeben sich durch die aus identitätspolitischen Erwägungen resultierenden Diskursstrategien. Allzu häufig passiert es mittlerweile in linken Diskussionen, dass Betroffenheit von Diskriminierung gleichgesetzt wird mit einer absoluten Deutungshoheit über politisch zu verhandelnde Sachfragen. Erst einmal ist es gut, dass wir als Linke an den Punkt gekommen sind, in erster Linie diejenigen zu einem Sachverhalt sprechen zu lassen, die von den Auswirkungen desselben im Alltag wiederholt betroffen sind. Die Schilderung von Alltagsrassismus, Alltagssexismus wie alltäglicher Queerfeindlichkeit enttheoretisieren jene Phänomene und machen das konkrete Erleben der Betroffenen für alle Menschen der Gesellschaft, sofern sie denn bereit sind, greif- und vorstellbar. Darin liegt ein erhebliches politisches Potenzial für die Entstehung von Solidarität – die

Black-Lives-Matter-Proteste sind dafür ein geeignetes Beispiel. Es ist gut und richtig, dass von Diskriminierung Betroffene Solidarität derer einfordern, die von ebenjener Diskriminierung im Alltag nichts wissen, weil ihr Menschsein aufgrund von Herkunft, Hautfarbe, Geschlecht oder Sexualität nie infrage gestellt wird. Diese Forderung nach Solidarität nennt sich in identitätspolitischen Kreisen «Allyship», zu Deutsch: «Verbündetenschaft». Viele Menschen, die nicht von Diskriminierung betroffen sind, drücken ihre Solidarisierung mit marginalisierten Gruppen dadurch aus, dass sie sich selbst als «Ally», als «Verbündete* r» bezeichnen, gerne auch im eigenen Tinder-Profil. Die in der Wortbedeutung des «Verbündeten» angedeutete Augenhöhe zwischen demjenigen, der Solidarität einfordert, und demjenigen, der Solidarität anbietet, wird diskursiv allerdings nicht mitvermittelt. Aber ganz im Gegenteil bedeutet die Forderung nach «Allyship» häufig eben nicht nur, sich bedingungslos mit denen zu solidarisieren, die von Diskriminierung im Alltag betroffen sind, sondern eben eins zu eins auch mit sämtlichen gesellschaftspolitischen Forderungen, die aus der Betroffenheit von Diskriminierung abgeleitet werden. Und an dieser Stelle werden Diskurse dann aus meiner Sicht recht eindeutig autoritär. Es geht häufig nicht mehr um den Austausch von Argumenten auf Augenhöhe, sondern um die Forderung politischer Bußfertigkeit in einem quasireligiösen Sinne. Der weiße Cis-Mann gilt als Bevorzugter eines patriarchal-rassistischen Systems per se als Mittäter und hat jene Täterschaft durch bedingungslose inhaltliche Unterstützung langsam abzutragen. Dass der weiße Cis-Mann bevorzugt ist, leugnet niemand mit Verstand. Dass bedingungslose Solidarität mit denen, die tagtäglich innerhalb des Systems unterdrückt werden, unabdingbar ist, leugnet niemand mit Empathie. Aber die in der Critical-Whiteness-Theorie oft mitschwingende Forderung nach antirassistischer Selbstreinigung, der Annahme folgend, dass Menschen sich ihr internalisiertes Weißsein erst einmal abtrainieren müssten, ist kein Naturgesetz oder unumstößlicher Fakt, sondern eine politische Auffassung, die man kritisieren darf. Wird die Kritik an jenem Menschenbild aber gleichgesetzt mit dem Entzug von Solidarität mit von Diskriminierung betroffenen Menschen, ist die Forderung eben nicht «Verbündetenschaft», sondern ganz eindeutig «Gefolgschaft». Solidarität ist hier nicht hierarchiefrei, sondern als Treueverhältnis konzipiert: Ich bin erst solidarisch, wenn ich den Argumenten meines Gegenübers keinen Widerspruch entgegenbringe. Ich persönlich möchte aber als politisch denkender Mensch mein Gegenüber nicht auf eine solche Weise infantilisieren und mute ihm dementsprechend Widerspruch zu. Damit delegitimiere ich im Übrigen nie ein bestimmtes Empfinden, ich weigere mich bloß, es zur absoluten Wahrheit zu verheiligen. Gefühle sind, auch außerhalb des politischen Kontextes, keine Wahrheit, sondern Informationen. Gefühle zu haben bedeutet Gefühle zu haben, sie sind im höchsten Maße wie im buchstäblichen Sinne bemerkenswert, aber keine Handlungsanweisung. Sie sind kein Hinweis auf eine tatsächliche Realität, aber durchaus auf eine erlebte Realität. Da sind wir als Gesellschaft durchaus weitergekommen. Während in zurückliegenden Zeiten Gefühle oftmals unterdrückt oder aktiv invalidiert wurden, erleben wir heute eine bedeutend größere Akzeptanz, eine deutlich häufigere Vertextung und Versprachlichung von Gefühlen – auch im politischen Kontext. Diese Entwicklung ist modern und wünschenswert. Schwierig wird es allerdings, und diese Tendenz zeigt sich heutzutage aus meiner Sicht ganz massiv, wenn Gefühle als Träger von Wahrheit und Realität ideologisch überformt werden. Derjenige, der etwas Bestimmtes fühlt, hat im politischen Sinne oftmals schlicht und ergreifend recht. Daraus resultiert auch häufig der Ausspruch: «Your feelings are valid!» Die amerikanische Psychotherapeutin und Autorin Seerut Chawla entgegnet dieser Auffassung in einem Instagram-Beitrag das Folgende:

«Feelings are neither ‹valid› nor ‹invalid›. They just are. They're biopsychological phenomenon that exist outside of value judgements, morality or ideology. Judging feeling is not useful. Judging feelings as ‹valid› or ‹invalid› is about as intelligent as judging the weather as ‹valid› or ‹invalid›.» [65]

Diesen von Seerut Chawla vorgeschlagenen integrativen wie interaktiven Umgang mit Gefühlen finde ich auch im politischen Sinne äußerst hilfreich, denn politische Gefühle gehören weder unterdrückt noch verheiligt. Für den politischen Austausch ist es meiner Ansicht nach absolut notwendig, einen Modus der inneren Opposition einzuüben; Abstand von sich selbst und dem eigenen Erleben nehmen zu können, scheint mir doch die Voraussetzung zu sein, Politik als Austausch von Argumenten zu begreifen. Noch mal, es geht nicht darum, Gefühle im politischen, allgemeinen Sinne zu invalidieren. Aber sie sind eben auch nicht zum Leitmotiv zu erheben, wie es beispielsweise mit der «deutschen Angst» vor Migration im Jahre 2015 geschah. Statt die Frage zu formulieren, woher die Ängste der Menschen kommen, ob jene Ängste projektiver Natur sind oder aufgrund einer tatsächlichen Bedrohungslage entstehen, wird mit der Angst vor Migration seither erfolgreich

Politik gemacht. Nicht nur seitens der AfD, auch die CDU bezieht sich ganz eindeutig auf das politische Gefühl der Menschen, wenn sie im Zuge der Migrationsdebatte um die Silvesternacht 2022 die Vornamen derer anfordert, die in jener Nacht straffällig geworden sind. Immer, wenn in politischen Debatten der Satz zu hören ist, dass Migration die Menschen nicht überfordern solle, wird ein Gefühl unhinterfragt zum Leitmotiv für politische Ansätze. Mit Erfolg, denn gerade auf europäischer Ebene wird zurzeit so erbittert wie nie um eine strengere Migrationspolitik gestritten. Gerade was Deutschland angeht, könnte das im Grunde bescheuerter nicht sein. Achim Dercks, stellvertretender Hauptgeschäftsführer des Deutschen Industrie- und Handelskammertages (DIHK) gibt zu bedenken, dass zurzeit mehr als vier von zehn IHK-Ausbildungsbetrieben nicht alle Ausbildungsplätze besetzen konnten. Jedes dritte Unternehmen hat Dercks zufolge nicht mal eine einzige Bewerbung erhalten. [66] Und während man solche Zahlen liest, gibt es allen Ernstes Menschen, die eine restriktivere Migrationspolitik einfordern. Ich selbst will gar nicht sagen, dass Migration nur zulässig ist, weil ein Land Menschen braucht, um bestimmte Produktionsbereiche am Laufen zu halten, ich möchte nur darauf hinweisen, wie unterirdisch und kontrafaktisch diese Debatte in Deutschland abläuft.

Und das sollte uns nachdenklich stimmen: Die Politik der Gefühle ist durchaus gefährlich, weil sie die innere Realität einzelner Menschen zum Gesetz erhebt.

Mainstream-Linke behaupten gerne, dass sie sich für «systemische Probleme» interessieren. Sie sprechen von «institutionalisiertem Rassismus» oder vom Patriarchat als «Herrschaftssystem». Hier wird allerdings Radikalität bloß sprachlich angedeutet, denn in den allermeisten Debatten, die ich in den letzten Jahren in linken Kontexten verfolgen durfte, spielen systemische Fragen nicht wirklich eine große Rolle – gesellschaftspolitische Phänomene werden am Einzelnen verhandelt und zwischen Einzelnen ausgetragen. Zugespitzt kann man sagen, dass die meisten Linken den Kapitalismus, den sie ja alle brav ablehnen, überhaupt gar nicht mehr zu verstehen versuchen. Oder um es anders zu formulieren: Überall fehlt es an Mut zur Radikalität. Darunter leidet auch der in großen Teilen der Linken recht hemdsärmelig ausgetragene Antikapitalismus, der sich allzu häufig damit begnügt, das Problem zu personifizieren. Kapitalismus ist dann eben gleich Elon Musk, Jeff Bezos und die von ihnen geführten Großkonzerne. Vor diesem bauchlinken Verständnis des Kapitalismus warnt das Buch «Die Diversität der Ausbeutung», herausgegeben u. a. von

Bafta Sarbo: «Man darf sich diese Vielfalt herrschaftsförmiger Re/-Produktionsverhältnisse sowie ihre Praxisformen, historischen Artikulationen und Konstellationen jedoch nicht so vorstellen, als würden sie primär ‹von oben› planvoll durchgesetzt, als sei das funktionale Zusammenwirken von Klassenverhältnissen, Sexismus, Rassismus, Naturbeherrschung und Staatsgewalt durch eine herrschende Clique entworfen, koordiniert und durchgesetzt, um die kapitalistische Re-/Produktionsweise ‹an sich› zu erhalten. Auch wenn das strategische Handeln herrschender Gruppen für die historische Dynamik hochrelevant ist – der Kapitalismus als Ganzes hat kein bewusstes, steuerndes, koordinierendes Zentrum.» [67] Politische Probleme zu personifizieren hat den großen Vorteil der Veranschaulichung: Wir begreifen konkreter, welche Formen ökonomischer Spaltung der Kapitalismus systematisch hervorruft, wenn wir uns vor Augen führen, wie reich Elon Musk und Jeff Bezos sind. Über die grundsätzliche technische Funktionsweise des Kapitalismus ist dadurch aber noch gar nichts gelernt. Mutig wäre es, wenn sich die Linke wieder traut, einen Antikapitalismus zu entwerfen, der nicht nur aus Meditationsaufforderungen und Kritik an Selbstoptimierung besteht. Das gemeinsame Ziel muss doch sein, jene Verhältnisse zu überwinden, welche die Klasse der Ausgebeuteten davon abhält, ein gutes Leben zu leben, weil sie dazu gezwungen ist, ihre Arbeitskraft denjenigen zu verkaufen, die daraus einen Mehrwert erzeugen. Ich würde sagen, dass dieser Winkel einen Beitrag zur Versöhnung materialistischer und identitätspolitischer Kritik leisten könnte. Es gibt da durchaus gemeinsame Nenner, das ist meine volle Überzeugung. Vollkommen zu Recht schreibt deswegen die ZEIT-Autorin Nele Pollatschek in ihrem Essay über Identitätspolitik: «Die Frage, die sich Universalisten stellen müssen und die Team IdPol [Abkürzung für «Identitätspolitik», Anm. des Autors] ihnen ruhig öfters stellen könnte, ist also: Was ist der Weg? Wir verstehen, dass ihr Universalismus wollt, aber als Aufklärer wisst ihr ja, dass Sollen nicht Sein ist, und wie kommt ihr also vom gegenwärtigen Sein (Ungleichheit) zu dem, was sein soll (real existierender Universalismus)?» [68] Nele Pollatschek liegt hier aus meiner Sicht goldrichtig, denn wenngleich die meisten Universalisten (mich eingeschlossen) gerne und ausführlich besprechen, dass der Rückzug in Identitätskategorien, wie ich weiter oben ebenso argumentiert habe, gefährlich ist, bleibt ganz häufig die Antwort offen, wie die im Universalismus angedeutete gleiche Behandlung der Gleichen konkret politisch erreicht werden kann. «Durch eine Revolution!» ist dabei zwar eine romantische, aber keine strategisch sinnvolle Antwort. Aber auch denjenigen, die sich eher identitätspolitisch verorten, begegnet Pollatschek mit einer wichtigen Frage: «Was ist das Ziel? Wenn auch die kleinsten Identitäten benannt sind, wenn jeder mit Geschlecht, sexueller Orientierung, race, Behinderung und so weiter beschriftet wurde und ihr es also geschafft habt, dass alles feinst säuberlich quotiert und dadurch vielleicht sogar gerecht ist, was dann? Soll das dann so bleiben?» [69]

Wie eine ideologische Harmonisierung verschiedener linker Strömungen aussehen kann, hat sich im März 2023 in Frankreich gezeigt. Dort gingen tagtäglich mehrere Millionen Menschen auf die Straße, weil Präsident Emmanuel Macron gegen den Willen der Mehrheitsgesellschaft und in typischer antidemokratischer Manier, auch am Parlament vorbei, seine Rentenreform durchzudrücken versuchte. Diese beinhaltet vor allem die Heraufsetzung des Renteneintrittsalters von 62 auf 64 Jahre. In Frankreich wird generell weitaus bereitwilliger gestreikt als in Deutschland: «Auf tausend französische Arbeitnehmerinnen kommen 123 Streiktage pro Jahr. In Deutschland sind es nur sieben Tage, zeigt eine Erhebung des Instituts für deutsche Wirtschaft.» [70] Französinnen und Franzosen sind also deutlich stärker bereit, für ihre Auffassung eines guten Lebens nach der Erwerbsarbeit einzustehen, durchaus auch in radikaler Weise. Hier könnte die deutsche Linke durchaus lernen, den Einschüchterungsversuchen deutscher Politikerinnen die richtige Form von Entrüstung entgegenzubringen. Wenn Volker Wissing, seines Zeichens Bundesverkehrsminister, dem RedaktionsNetzwerk Deutschland sagt, die Tarifpartner sollen sich «ihrer Verantwortung bewusst sein und die Auswirkungen auf die Bevölkerung so gering wie möglich halten» [71], dann muss das den Wunsch, den Alltag in Deutschland massiv zu stören, eigentlich noch weiter anreizen. Streiks können eine extreme Auswirkung auf die Verhandlungsbereitschaft von Staat und Unternehmen haben. Und dennoch bleiben viele Aspekte linker Politik zu handzahm. Warum unternimmt man zum Beispiel nicht den Versuch, am 8. März jeden Jahres so viele Frauen wie möglich dazu zu animieren, ihre Arbeit für mindestens einen Tag komplett ruhen zu lassen? Würde an dieser Stelle der Allgemeinbevölkerung nicht deutlich werden, dass die Funktionalität der Gesellschaft ganz massiv auf der Ausbeutung spezifisch weiblicher Arbeit beruht? Statt solche Vorhaben konsequent und mit aller Deutlichkeit öffentlich zu formulieren, streiten Linke noch im Tausendsten verrauchten und unterbesetzten Plenum, ob man nun «Weltfrauentag» oder «Feministischer Kampftag» sagt – ganz zur Freude von Konservativen und Liberalen, die sich angesichts dieser infantilen innerlinken Grabenkämpfe gehörig ins Fäustchen lachen dürften. Von dieser deutschen Linken ist nun wirklich keinerlei revolutionäres Potenzial zu erwarten, da man im alternativen Zentrum verlässlich an der eigenen politischen Verlotterung arbeitet. Vermutlich würden die Proteste gegen eine mögliche Rentenreform in Deutschland a) am allgemeinen Desinteresse deutscher Linker für wirtschaftspolitische Themen und b) an der Frage scheitern, wer in welchem Block für ein niedriges Renteneintrittsalter demonstriert. Und da ist ja noch nicht mal die Frage geklärt, welche Flaggen nun erlaubt sind. Haben diejenigen Gruppen, die einen solchen Protest möglicherweise organisieren könnten, wenn sie nicht längst in der Versenkung bierernster linker Bedeutungslosigkeit verschwunden sind, nicht an anderer Stelle öffentlich eine Position vertreten, die «problematisch» ist? Und ist das Pamphlet denn auch korrekt gegendert?

Fabio de Masi, ehemaliger Bundestagsabgeordneter für die LINKE und ein von mir durchaus sehr geschätzter Wirtschafts- und Finanzexperte, begründete seinen Rückzug aus der Politik unter anderem mit folgenden Worten:

> **«Es gibt in verschiedenen politischen Spektren und vor allem in den sozialen Medien die Tendenz, Politik nur noch**

über Moral und Haltungen zu debattieren. Ich halte dies für einen Rückschritt. Werte und Moral sind das Fundament politischer Überzeugungen. Wer jedoch meint, dass alleine die ‹richtige Haltung› über ‹richtig oder falsch› entscheidet, versucht in Wahrheit den Streit mit rationalen Argumenten zu verhindern.

Eine solche Debattenkultur hat nichts mit Aufklärung zu tun, sondern ist Ausdruck eines elitären Wahrheitsanspruchs, wie ihn die Kirche im Mittelalter bediente. Vor allem verstärkt dies aber Spaltungen in der Gesellschaft, wovon rechte Demagogen weltweit profitieren. Dies hilft Kräften wie der AfD, sich als Anwältin der kleinen Leute aufzuspielen, obwohl ihnen die Schweizer Franken zu den Ohren heraus kommen.

[...] Parteien in der Tradition der Arbeiterbewegung waren immer lebensnah. Sie kannten die Lebenswirklichkeit der Menschen, die von ihrer Hände Arbeit lebten. Sie haben Grundwerte wie Solidarität durch Verankerung in der Lebenswelt der Beschäftigten verteidigt. Die Debatten der Meinungsführer in den akademischen Milieus, die Codes der digitalen Empörung und Hashtags, die häufig nur wenige Stunden überdauern und nichts kosten, sind dafür kein Ersatz.» [72]

Die deutsche Linke, damit ist die Partei, vor allem aber diejenigen gemeint, die sich dem Kampf für eine gerechtere Welt glaubhaft verpflichtet haben, muss endlich einsehen, dass linke Politik erfolgreich wird, wenn man sie mehrheitsfähig unter die Bevölkerung bringt. Es ist Ausdruck einer unsäglichen Arroganz, dass mittlerweile in vielen linken Kreisen die Auffassung herrscht, die deutsche Boomer-Bevölkerung habe erst mal alle neuen sprachlichen Codes zu lernen, bevor man sie in die eigenen Kämpfe mit einbezieht. Wenn Linke, so wie sie es gerne lautstark auf Instagram behaupten, großen Wert auf Verbündetenschaft, ja «Allyship» legen, dann muss die intellektuelle Leistung erbracht werden, dass man sich auch mit denjenigen zu verbünden hat, die einem vielleicht nicht jeden Dienstag im Judith-Butler-Seminar begegnen oder das Geld haben, sich im Coworking Space den großen Hafermilch-Cappuccino für fünf Euro zu leisten. Andernfalls bleiben wir eine Hipster-Linke mit sozialdemokratischem Anstrich.

Kapitel 6

Das gute Leben repolitisieren!

Über das gute Leben zu schreiben, bedeutet im letzten Schritt für mich persönlich darüber nachzudenken, was ein schlechtes Leben ist. Ich bin der festen Überzeugung, dass es neben mir viele weitere Menschen gibt, die ganz konkret darunter leiden, in einer Gesellschaftsform leben zu müssen, die zum ständigen Vergleich verpflichtet, weil sie den Menschen erfolgreich vermittelt hat, charakterliches Wachstum ergäbe sich aus dem Wettbewerb mit anderen Menschen.

Durch die ständige multimediale und tatsächliche Produktion von Wettbewerbsverhältnissen wird im Kapitalismus alles Ware, vom Selbstverhältnis (Stichwort «Selflove» und «Selbstverwirklichung») bis hin zumVerhältnis mit anderen Menschen – Letzteres scheint mir noch eine Ausführung wert. Wie die

Arbeiten der israelischen Soziologin Eva Illouz in vielerlei Hinsicht aufzeigen, haben die Logiken des Wettbewerbs und der Auf- und Abwertung von Waren, Subjekten und Lebensstilen einen immensen Einfluss darauf, wie wir lieben, vor allem aber wie wir uns *ent*lieben. Mark Fisher spricht in diesem Zuge in seinem Buch «Kapitalistischer Realismus ohne Alternative?» von einer «depressiven Hedonie» [73], einer gesellschaftlichen Stimmung also, die sich durch Entfremdung und innere Leere auszeichnet und die Menschen dazu ermuntert, sich der Zerstreuung, der Erlebniskultur und dem Konsum generell zuzuwenden. Man kann das kulturpessimistisch finden, aber eine etwas genauere Beobachtung vornehmlich junger politischer Menschen dürfte diesen Eindruck sehr wohl bestätigen – zumindest mir geht es so. Die romantische Paarbeziehung erfährt in einer entfremdeten, durchkapitalisierten Welt eine kulturelle Überformung. Gesucht wird der perfekte Partner mit übereinstimmendem Persönlichkeitsstil und Bindungsverhalten, ganz häufig reicht auch der eine Partner gar nicht mehr aus, weil er, wie man es von Menschen, die alternative Beziehungsformen wählen, regelmäßig hört, «gar nicht alle romantischen und sexuellen Bedürfnisse befriedigen kann, die man hat». Es ist ein aus meiner Sicht nicht wegzudiskutierender Beweis, wie tief die Ideologie der Steigerung und des Wettbewerbs in die Köpfe junger Menschen eingebrannt ist, dass überhaupt nicht mehr hinterfragt wird, ob es denn notwendig ist, dass alle Bedürfnisse des Menschen ständig und vollständig erfüllt werden. Ein solcher Anspruch an die eigene Paarbeziehung oder, im Falle polygamer und polyamorer Beziehungsformen, Paarbeziehungen erinnert doch stark an die Freiheitsauffassung vieler bekennender Neoliberaler: Freiheit ist, alles zu bekommen, was ich möchte. Auch die Verbreitung der Hookup Culture, also die von jeglicher Verpflichtung losgelöste, spontane sexuelle Begegnung ohne romantischen Kontext, besser bekannt als «One-Night-Stand», ist Zeichen eines Zur-Ware-Werdens zwischenmenschlicher Beziehungen. Immer wieder gibt es Vertreterinnen innerhalb der Linken, die behaupten, die Inanspruchnahme von Hookups, Freundschaft+-Beziehungen oder Situationships sei vor allem für junge Frauen eine Quelle feministischer Emanzipation. Die Ideologie der romantischen bürgerlichen Paarbeziehung weiche einer Kultur der Unverbindlichkeit und löse die Frau somit aus den Fängen patriarchaler Logiken heraus. Schaut man sich Studien zu diesem Thema an, bröckelt dieser Schein recht schnell. In einer Studie von Paula England ist zu lesen, dass eine Befragung von 24.000 Studentinnen ergeben hat, dass Frauen während eines Hookups deutlich weniger Orgasmen erleben (40%)

als Männer (80%). Eva Illouz argumentiert in «Warum Liebe endet» zudem, dass verschiedene Studien darlegen, dass regelmäßige One-Night-Stands bei Frauen depressive Symptome und Einsamkeitsgefühle verstärken, während dieselben Phänomene bei Männern nicht zu beobachten sind. Man könnte also der Behauptung, One-Night-Stands seien feministische Praxis, entgegenhalten, dass hier ganz offensichtlich Männlichkeit imitiert wird, mit der Folge, dass viele Frauen sich dadurch nicht «empowert» fühlen, sondern herabgewürdigt. [74]

Natürlich gilt der Satz, dass Menschen das machen sollen, was sie machen wollen. Aber zu glauben, dass die eigenen Präferenzen im Bereich Sexualität und Bindung in einem ideologiefreien Raum entstünden, ist pure Augenwischerei. Tatsächlich wird es im Spätkapitalismus meiner Ansicht nach immer schwerer zu lieben. In «Warum Liebe endet» weist Eva Illouz dieses anhand eines Experiments nach, in dem zwei Probandengruppen dazu aufgefordert werden, verschiedene Sorten von Schokolade zu probieren und in eine qualitative Reihenfolge zu bringen. Die eine Probandengruppe wählt dabei zwischen deutlich mehr unterschiedlichen Sorten aus als die andere. Als das Experiment für die Gruppen bereits abgeschlossen schien, bot man ihnen eine Belohnung für ihre freiwillige Teilnahme an: entweder die von ihnen präferierte Schokolade im Wert von 5 Dollar oder eben 5 Dollar. Die allermeisten derjenigen, die viele verschiedene Sorten Schokolade zur Auswahl hatten, wählten das Geld, während diejenigen, die sich zwischen deutlich weniger Schokoladensorten entscheiden mussten, ihre Lieblingsschokolade als Belohnung wählten. [75] Die vermeintliche Überauswahl von Waren (und bei Tinder werden Menschen vor allem durch Männer eben warengleich auf ihr sexuelles Erlebnispotenzial reduziert) macht es für Menschen ganz offensichtlich unattraktiver, sich überhaupt zu entscheiden. Eva Illouz nennt dies eine «Struktur der Nicht-Wahl» bzw. «negative Wahl» – während früher Menschen nicht selbst entscheiden durften, wen sie heiraten und lieben, entscheiden sich viele gerade junge Menschen heutzutage, eben sich gar nicht mehr zu entscheiden, weil die Gefahr besteht, etwas möglicherweise Besseres, Schöneres und vor allem Befriedigenderes zu verpassen. Die «Situationship» ist dafür ein wunderbares Beispiel: Gemeint ist damit eine Art Nicht-Beziehung. Menschen verhalten sich, wenn sie sich begegnen, wie ein Paar, sie schlafen gemeinsam ein, wachen gemeinsam auf, aber sobald die Protagonisten ihrer Wege gehen, sind alle Beteiligten wieder Single. Zuspitzend formuliert könnte man sagen, dass junge Menschen heute offenbar alle Qualitäten einer Paarbeziehung begehren, sich aber der lästigen, damit einhergehenden Arbeit und Verantwortungsübernahme zu entledigen versuchen.

Vermutlich meint Mark Fisher genau diese Rastlosigkeit, wenn er von «depressiver Hedonie» spricht, ein modernerer Begriff wäre vermutlich «Fear of missing out», ein Phänomen, welches sich durch die Angst auszeichnet, befriedigende Erlebnisse zu verpassen. Recht häufig wird «FOMO» küchenpsychologisch mit einer unbewussten Angst vor dem Tod in Verbindung gebracht. Ich sprach einst im WDR mit Rainer Pause über dieses Thema. Pause, der das Pantheon Theater in Bonn betreibt und als Kabarettist mit verschiedenen Soloprogrammen rund um das Thema Tod regelmäßig Trauergesellschaften zum Lachen und Weinen bringt, sagte zu mir daraufhin, dass sich in der Angst, etwas zu verpassen, nicht etwa eine versteckte Angst vor dem Tod zeige, sondern im Gegenteil eine Angst vor dem Leben. Man kann das nun pathetisch finden, ich denke aber bis heute, dass Pause mit seiner Beobachtung richtigliegt: Das Leben, vor allem das, was ich als gutes Leben verstehe, sorgt sich nicht darum, genügend Erlebnistrophäen zu sammeln, sondern dem stetigen Wettbewerb eine radikale, politische Absage zu erteilen: «I would prefer not to», sagt Bartleby der Schreiber in Herman Melvilles gleichnamigem Werk und legt seine Arbeit nieder – vielleicht ja auch die am eigenen Selbst. Slavoj Žižek nahm diesen Satz, machte ihn zur Hymne und schrieb einst: «Sometimes doing nothing is the most violent thing to do.» [76]

Der Grund, warum ich mich dazu entschlossen habe, das Thema Liebe im Kapitalismus ins Abschlusskapitel aufzunehmen, ist meine Überzeugung, dass es die Verbindung mit Menschen, vor allem aber die sich daraus ergebende Solidarität ist, die das (politische) Leben lebenswert macht. Wenn ich für eine Repolitisierung des guten Lebens argumentiere, so will ich damit eben nicht einer Lebensführung das Wort reden, die auf Realitätsflucht, exzessiven Erlebniskonsum und schnöden Hedonismus setzt. Ich für meinen Teil bin nicht interessiert an einem Rückzug in die Introspektion, ich möchte mich im Gegenteil radikal verbunden fühlen. Die Artikulation gemeinsamer Interessen sowie die Fähigkeit, im politischen wie privaten Sinne das Gemeinsame im Unterschiedlichen erkennen zu können, war für mich stets Quelle großer Zufriedenheit. Eine Politik des guten Lebens setzt sich eben nicht dafür ein, Saus und Braus für alle zu erkämpfen, sondern bemüht sich um ein Gefühl der kollektiven Geborgenheit durch entschiedene Ablehnung des Besser, Schöner, Schneller, oder wie es Harry G. Frankfurt in seinem lesenswerten Buch «Sich selbst ernst nehmen» schreibt:

> **«Für einen Menschen, der wissen will, wie er leben soll, sind folgende Fragen am wichtigsten: Um wen oder was soll er sich sorgen, und wie kann er bestimmen, wie wichtig ihm die verschiedenen Dinge, um die er sich sorgt, in Relation zueinander sind?»** [77]

Eine Politik des guten Lebens ist also keine Hommage an das individualistische *Pursuit of Happiness*, das Streben nach Glück also, welches wie im gleichnamigen Film immerzu verbunden ist mit pathetischen Aufstiegsgeschichten derer, die es bloß durch eigene Anstrengung geschafft haben, sich aus dem sozialen Elend zu befreien. Chris Gardner, dessen Geschichte der Film *Pursuit of Happyness* zeigt, ist heute Millionär nachdem er mit seinem Sohn als alleinerziehender Vater fast ein Jahr lang in Obdachlosenheimen und U-Bahn-Station-Toiletten übernachtet hatte. Wie ich in der Einleitung bereits dargestellt habe, sind solche Geschichten, wenn auch anrührend und ermunternd, in der absoluten Minderheit. Die meisten Menschen bemühen sich tagtäglich in ihren Berufen um ein normales Leben, und dennoch gelingt es ihnen nicht, sich aus der sozialen Schieflage zu befreien.

Mein Buch möchte meine Sorge um diejenigen zum Ausdruck bringen, die aufgrund ihrer sozioökonomischen Lebensumstände in ihrem Zugriff auf das gute Leben radikal eingeschränkt werden und dafür stets selbst verantwortlich gemacht werden. Dieser Gruppe von Menschen ist dieser Text in erster Linie gewidmet, verbunden mit dem freundlichen Hinweis an die gesellschaftliche Linke, dass ebenjene Gruppe deutlich größer ist als das eigene Plenum im regionalen Alternativen Zentrum. Ich möchte mich noch einmal wiederholen: Linke müssen Meister der Erpressung werden. Das gute Leben ist etwas, was es aus der Masse heraus zu erkämpfen gilt. Infrastruktur, Gesundheit, soziale Einrichtungen – die Schwerstarbeit von Menschen in dieser Gesellschaft ist in ihrer Gesamtheit «too big to fail». Fällt sie weg, beispielsweise durch eine Generalbestreikung gesellschaftlich wichtiger Branchen und Lebensbereiche, steht die Welt, wie wir sie kennen und wie wir sie nicht weiter hinnehmen sollten, kopf.

Lassen wir es darauf ankommen.

Danksagung

Mein größter Dank gilt meiner Partnerin Lensi. Ich weiß nicht, wie oft ich an diesem Buchprojekt gezweifelt habe, noch häufiger hast du mich aufgebaut und bist in der düstersten Phase meines Lebens nie von meiner Seite gewichen. Dein Mut, deine Größe, deine Intelligenz und dein Wille zu lieben ist für mich etwas, zu dem ich aufschaue. Ich habe durch dich erst wirklich begriffen, was es heißt, politisch zu sein: Es heißt, in kritischer, aber unbedingter Solidarität dafür einzutreten, dass ein jeder Mensch den Mut hat, sich zu emanzipieren. Ich werde dir für immer dankbar sein. Ich hoffe, ich konnte deine Gedanken, die mich bereichert haben, in diesem Buch würdig und anerkennend wiedergeben.

Ganz besonders bedanken möchte ich mich auch bei Abdul Chahin und L. Ohne eure Freundschaft würde es dieses Buch nicht geben.

Danke an Aylin Celik, Damien Haak, Meral Ziegler und Kaleb Erdmann. Danke an Teresa Hoser, Jan Schmidt, Eva Koelle und Noah Klaus.

Danke Mama, danke Papa. Danke an meine Schwestern Julie und Anna.

Anmerkungen

[1] Nach Reckwitz, Andreas: «Die Gesellschaft der Singularitäten»

[2] Verstanden als Haltung innerhalb linker Diskussionen, die identitätspolitische Fragestellungen pauschal als neoliberal abwertet.

[3] Thatcher, Margaret, 1987. Interview für «Woman's Own».

[4] Jung und Naiv, Episode 611, Spotify, abgerufen am 25.11.2022

[5] Im Jahr 2019 lag das Armutsrisiko von Menschen ohne Migrationshintergrund bei 11,7 % und bei Menschen mit Migrationshintergrund bei 27,1 %. Quelle: Bundeszentrale für politische Bildung. https://www.bpb.de/kurz-knapp/zahlen-und-fakten/soziale-situation-in-deutschland/61788/armuts gefaehrdungsquoten-von-migranten/#:~:text=Im%20Jahr%20 2019%20war%20das,als%20deutsche%20Personen%20 mit%20Migrationshintergrund, abgerufen am 08.12.2022

[6] Sandel, Michael J.: «Vom Ende des Allgemeinwohls», S. 38 f

[7] «Pursuing the American Dream: Economic Mobility Across Generations», Pew Charitable Trust, S. 6, abrufbar unter: https://www.pewtrusts.org/~/media/legacy/uploaded files/wwwpewtrustsorg/reports/economic_mobility/ pursuingamericandreampdf.pdf (24.11.2022)

[8] Datenreport 2021 – GESIS Mannheim, Autor: Reinhard Pollak, abrufbar unter: https://www.bpb.de/kurz-knapp/

zahlen-und-fakten/datenreport-2021/sozialstruktur-und-soziale-lagen/330070/soziale-mobilitaet/ (24.11.22)

[9] Der politische Begriff der «Schicksalsgemeinschaft» wurde vom Soziologen Stefan Schulz in seinem Buch «Die Altenrepublik» in den politischen Diskurs eingeführt.

[10] Das oberste Prozent verfügt über 25 % des Gesamtvermögens, die unteren 50 % über 3 %. Quelle: https://www.capital.de/geld-versicherungen/neue-studie–die-deutschen-sind-vermoegender-als-gedacht-32682592.html#:~:text=Das%20reichste%20Prozent%20der%20Bev%C3%B6lkerung,neuesten%20verf%C3%BCgbaren%20Daten%20von%202018.

[11] Quelle: https://www.tagesschau.de/inland/gesellschaft/studierende-armutsgefaehrdet-101.html#:~:text=Wer%20in%20Deutschland%20studiert%2C%20ist,nur%20bei%2015%2C8%20Prozent.

[12] Quelle: ebenda

[13] Aus ihrer Rede am 14. Oktober 1983, Quelle: https://quotepark.com/quotes/1921159-margaret-thatcher-there-is-no-such-thing-as-public-money-there-is-o/, abgerufen am 10.12.22

[14] @mauricehöfgen, Instagram, Beitrag vom 6.12.22, Quelle: https://www.instagram.com/p/Cl4QkVjMB8t/?igshid=YmMyMTA2M2Y=, abgerufen am 10.12.22

[15] Sahr, Aaron: «Die monetäre Maschine», S. 93

[16] Sahr, Aaron: «Die monetäre Maschine», S. 14

[17] Quelle: https://www.n-tv.de/wirtschaft/Wir-brauchen-einen-wirtschaftspolitischen-Katastrophenschutz-article24115826.html, abgerufen am 02.06.2023

[18] Sahr, Aaron: «Die monetäre Maschine», S. 18

[19] Quelle: https://www.handelsblatt.com/meinung/gastbei

traege/gastkommentar-wir-duerfen-die-corona-schulden-nicht-zurueckzahlen/25813024.html, abgerufen am 02.06.23
[20] Diekmann, Florian: Das 1200-Euro-Experiment, 18.08.2020, Der Spiegel, Quelle: https://www.spiegel.de/wirtschaft/soziales/grundeinkommen-studie-startet-das-1200-euro-experiment-a-413dcee7-1d58-4d19-abd1-8d241972ffd4, abgerufen am 10.12.22
[21] Immer wieder wurde sich vonseiten konservativer Politiker*innen dabei auf eine Studie des Kieler Instituts für Weltwirtschaft bezogen. Die Autor*innen der Studie behaupteten, dass Bürgergeldbezieher durch die Erhöhung der monatlichen Zahlungen mehr verdienen würden, als Menschen, die im Niedriglohnsektor arbeiten. Nach massiver Kritik wegen Berechnungsfehlern wurde die Studie vom Institut offline genommen.
[22] ZDF-Politbarometer vom 25.11.22, Quelle: https://www.zdf.de/nachrichten/politik/politbarometer-buergergeld-einigung-zu-sanktionen-richtig-102.html, abgerufen am 11.12.22
[23] ZDF-Politbarometer vom 11.11.22, Quelle: https://www.zdf.de/nachrichten/heute-sendungen/zdf-politbarometer-buergergeld-100.html, abgerufen am 11.12.22
[24] Deutsches Institut für Altersvorsorge, Quelle: https://www.dia-vorsorge.de/fokus/dia-studien/31-billionen-euro-werden-bis-2024-in-deutschland-vererbt/, abgerufen am 11.12.22
[25] Hartz Plus – Unsere Studie über die Auswirkungen von Hartz-IV-Sanktionen, Sanktionsfrei e.V., Quelle: https://sanktionsfrei.de/studie, abgerufen am 12.12.2022
[26] Nymoen, Ole und Schmitt, Wolfgang M.: «Wohlstand für Alle», Episode 21: «Sind Spenden wirklich gut? Die Charity-Ideologie», abgerufen am 12.12.2022

[27] Quelle: https://www.instagram.com/p/ClX3a_wK5zI/?igshid=YmMyMTA2M2Y=

[28] Quelle: https://www.ruhrnachrichten.de/ueberregionales/die-tafeln-schlagen-alarm-immer-mehr-beduerftige-in-deutschland-spenden-gehen-zurueck-w1808365–2000669297/

[29] «Mehr als jeder dritte Studierende in Deutschland gilt als armutsgefährdet, 2021 lag der Anteil bei 37,9 Prozent. Das teilte das Statistische Bundesamt mit. Ausgewertet wurden Daten zu Einkommen und Lebensbedingungen im Jahr 2021. Von Armut betroffen ist demnach vor allem eine Gruppe: Studierende, die allein oder in WGs lebten. Gut drei Viertel (76,1 %) von ihnen waren 2021 armutsgefährdet.», https://www.spiegel.de/start/statistisches-bundesamt-mehr-als-ein-drittel-der-studierenden-lebt-unter-der-armutsgrenze-a-460cb19f-8a62-43ab-8b52-652814234250, abgerufen am 18.01.23

[30] Quelle: https://www.tagesschau.de/inland/gesellschaft/studierende-wg-teurer-101.html#:~:text=Wie%20viel%20mehr%2C%20das%20zeigt,mehr%20als%20im%20vergangenen%20Jahr.

[31] Illouz, Eva und Cabanas, Edgar: «Das Glücksdiktat und wie es unser Leben beherrscht», S. 11

[32] So sagt es Kathrin O'Sullivan, Head of Cross-functional Leadership Development bei Google, Quelle: https://www.deutschlandfunkkultur.de/mitarbeitertraining-bei-google-die-verordnete-100.html#:~:text=%E2%80%9ESuche%20in%20dir%20selbst%E2%80%9C%20%E2%80%93,und%20anderen%20Softwarefirmen%20durchlaufen%20haben. Abgerufen am 20.01.23

[33] Illouz, Eva und Cabanas, Edgar: «Das Glücksdiktat und wie es unser Leben beherrscht», S. 18

[34] Illouz, Eva und Cabanas, Edgar: «Das Glücksdiktat und wie es unser Leben beherrscht», S. 51
[35] Frankfurt, Harry G.: «Sich selbst ernst nehmen», S. 32
[36] Reckwitz, Andreas: «Das Ende der Illusionen», S. 175 f
[37] Reckwitz, Andreas: «Das Ende der Illusionen», S. 179
[38] Quelle: https://www.16personalities.com/de
[39] So heißt es in einer Facebook-internen Präsentation aus dem Jahr 2019. Quelle: https://www.wsj.com/articles/facebook-knows-instagram-is-toxic-for-teen-girls-company-documents-show-11631620739, abgerufen am 20.03.23
[40] Fisher, Mark: «Kapitalistischer Realismus ohne Alternative?», S. 27 f
[41] Quelle: https://kontrast.at/corona-klima/
[42] Rushkoff, Douglas: «Survival of the Richest», S. 3 f
[43] Quelle: https://www.soziopolis.de/freiheit-die-wir-meinten/dossier-nach-den-fetten-jahren-verzichten-verbieten-verzagen.html
[44] Quelle: https://www.instagram.com/p/CpHnOxcoTE9/?igshid=MDJmNzVkMjY=
[45] Quelle: https://www.focus.de/politik/deutschland/klimaneutral-bis-2030-klima-aktivisten-wollen-berlin-mit-irrem-plan-radikal-veraendern_id_188850429.html, abgerufen am 25.03.23
[46] Quelle: https://www.rnd.de/politik/brinkhaus-nacken steak-esser-sind-das-ruckgrat-unserer-gesellschaft-IAHT6BI BDBGYVGS46Z4ZJGWTEA.html, abgerufen am 25.03.23
[47] Lepenies, Philipp: «Verbot und Verzicht – Politik aus dem Geiste des Unterlassens», S. 74 f
[48] Quelle: https://makroskop.eu/37-2022/klimapolitik-uber-den-preis-ist-unwirksam-und-ungerecht/, abgerufen am 03.03.23

[49] Quelle: https://makroskop.eu/37-2022/klimapolitik-uber-den-preis-ist-unwirksam-und-ungerecht/, abgerufen am 03.03.23

[50] Crouch, Colin: «Postdemokratie», S. 26

[51] Bericht aus Berlin vom 6.11.2022, Quelle: https://twitter.com/ARD_BaB/status/1589256597636894720, abgerufen am 12.03.23

[52] Roßteutscher/Schäfer, «Asymmetrische Mobilisierung: Wahlkampf und ungleiche Wahlbeteiligung», Quelle: https://www.armin-schaefer.de/wp-content/uploads/2018/10/Rosteutscher-Sch%C3%A4fer-PVS-16.pdf, abgerufen am 13.03.2023

[53] Quelle: https://www.report-k.de/landtagswahl-nrw-2022-die-wahlbeteiligung-in-den-koelner-veedeln/

[54] Roßteutscher/Schäfer, «Asymmetrische Mobilisierung: Wahlkampf und ungleiche Wahlbeteiligung», Quelle: https://www.armin-schaefer.de/wp-content/uploads/2018/10/Rosteutscher-Sch%C3%A4fer-PVS-16.pdf, abgerufen am 13.03.2023

[55] Quelle: ebenda

[56] Deutschlandfunk, 17.5.22, Quelle: https://www.deutschlandfunk.de/interview-mit-christoph-butterwegge-soziologe-zu-wahlbeteiligung-dlf-cbc44a83–100.html, abgerufen am 13.03.2023

[57] Quelle: https://www.wiwo.de/politik/ausland/tauchsieder-digitaler-kapitalismus/25234600-2.html, abgerufen am 14.03.23

[58] Quelle: https://www.betriebsrat.de/news/kein-leichter-weg-2703962, abgerufen am 14.03.23

[59] Quelle: https://www.rnd.de/politik/lieferando-fahrer-fordern-15-euro-stundenlohn-streiks-angekuendigt-

LTFB4QXTPNH2DKGDY452SP3HKA.html, abgerufen am 14.03.23

[60] Quelle: https://www.merkur.de/wirtschaft/flughafen-streik-kuehnert-cdu-mittelstandsunion-verdi-einschraenken-zr-92094506.html, abgerufen am 16.03.2023

[61] Fisher, Mark: «Kapitalistischer Realismus ohne Alternative?», S. 9

[62] Quelle: https://www.welt.de/wall-street-journal/article116845374/Die-gefaehrlichste-Wette-der-Wall-Street-kehrt-zurueck.html

[63] Quelle: https://www.instagram.com/reel/CqAlklzD2dz/?igshid=YmMyMTA2M2Y=, abgerufen am 23.03.23

[64] Quelle: https://stoppt-die-schuldenbremse.jetzt/petition/, abgerufen am 23.03.23

[65] Quelle: https://www.instagram.com/p/CnSaqLJMBSb/?igshid=YmMyMTA2M2Y=, abgerufen am 08.03.2023

[66] Zugrunde liegt eine Umfrage unter bundesweit rund 15.000 Betrieben. Quelle: https://www.welt.de/wirtschaft/karriere/article240551883/Fachkraeftemangel-Keine-Bewerber-mehr-so-schlimm-steht-es-um-Ausbildungsberufe.html, abgerufen am 09.03.23

[67] Roldán Mendívil, Eleonora und Sarbo, Bafta (Hrsg.): «Die Diversität der Ausbeutung», S. 89

[68] Pollatschek, Nele: «Ok, soll das jetzt so bleiben?», ZEIT Online, S. 2, Quelle: https://www.zeit.de/kultur/2021-04/identitaetspolitik-diskriminierung-universalismus-liberalismus-kritik-essay/seite-2, abgerufen am 23.03.23

[69] Quelle: ebenda, S. 3

[70] Quelle: https://www.zeit.de/politik/2023–03/frankreich-rentenreform-streik-proteste-nachrichtenpodcast, abgerufen am 24.03.23

[71] Quelle: https://www.rnd.de/politik/streik-am-27-maerz-volker-wissing-ruft-gewerkschaften-zur-maessigung-auf-JVZP24R3YNCPTIKGWBRTCARKEQ.html, abgerufen am 24.04.23

[72] De Masi, Fabio: «Ich werde nicht wieder antreten – Erklärung von Fabio De Masi vom 24.02.2021», Quelle: https://www.fabio-de-masi.de/de/article/3542.ich-werde-nicht-wieder-antreten.html, abgerufen am 24.03.23

[73] Fisher, Mark: «Kapitalistischer Realismus ohne Alternative?», S. 30 f

[74] Napper, Lucy E. et al.: «Assesing the Personal Negative Impacts of Hooking Up Experienced by College Students: Gender Differences and Mental Health»: *«For instance, while regret for females is more likely to be related to feelings of shame or being used, males are more likely to report regret over choice of sexual partner and partner unattractiveness»*, Quelle: https://www.ncbi.nlm.nih.gov/pmc/articles/PMC5184218/, abgerufen am 22.03.23

[75] Illouz, Eva: «Warum Liebe endet», S. 204 f

[76] Žižek, Slavoj: «Gewalt», S. 217

[77] Frankfurt, Harry G.: «Sich selbst ernst nehmen», S. 45